其祥

長發

天赋泰宁

士弘毅题

尚昌平◎著

中華書局

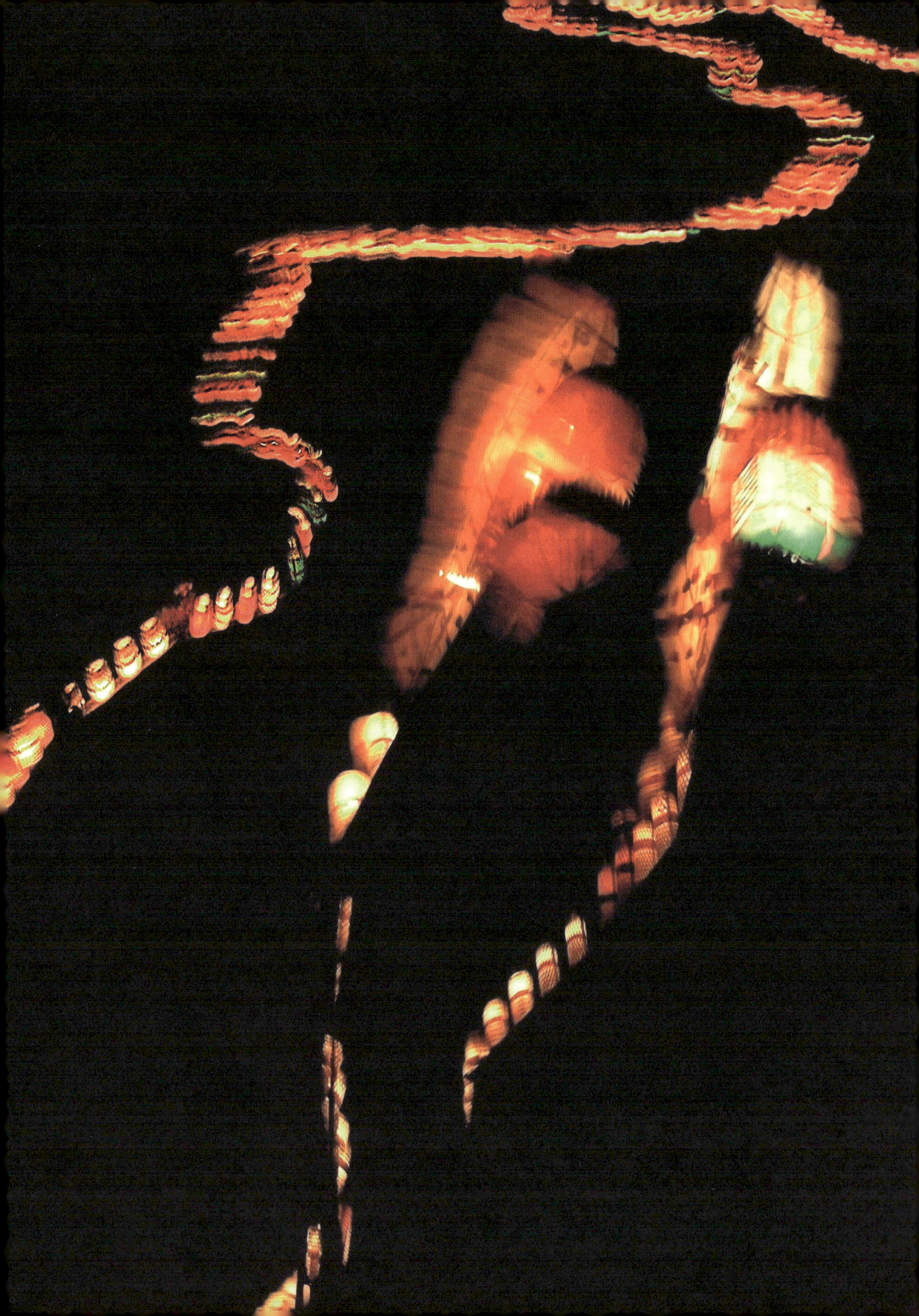

目录

欣赏泰宁

（代序）

◇泰宁古城状元街
摄影／刘贤健

一座城市能让人记住它的名字，必然有与众不同的标志，泰宁就是这样的一座城市。

泰宁地处闽西北武夷山脉中段，自古以来被人们称作自然景观奥境，在人类生产活动实践过程中，泰宁逐渐显露出它的地域性标志：世间稀有的地质地貌景观与美轮美奂的人文景观——尚书第。

泰宁拥有享誉中外的世界地质公园，泰宁地史的演化可以追溯到距今五亿年前的古生代奥陶纪。从地质学角度来看，泰宁地质构成代表进行中的重要地质过程，地质遗迹类型繁多，其最具代表性的特征系丹霞地貌，是地质中生代白垩纪红层集中分布的典型区域。

据相关资料统计显示，福建省森林覆盖率为全国之首，三明市森林覆盖率占全省第一，而泰宁县森林覆盖率则为三明市之冠。泰宁的植物种类十分丰饶，植被群落中的建群种有八个不同的植被类型，其中包括多种珍稀树种。植物种群的原始性和多样性自然生态环境，使其景观在美学上具有极高的欣赏价值。

泰宁山地间良好的植被环境是野生动物极佳的生存空间，为各类野生动物提供了优越的栖息繁衍场地。历史上，这里曾是野生华南虎聚集栖息的地方，20世纪末，仍有野生华南虎出没于林木茂密的原始丛林中，这对于探寻野生华南虎栖息环境及进行实地科学考察具有重要的意义。

泰宁的文化遗产内容丰富，且因具有地域性、历史性、连贯性特质，形成泰宁文化遗产体系。泰宁以宋代古建筑文化遗址为基础，形成了以明代古建筑群为代表的文化遗产。城区以尚书第为代表的建筑群，建筑物形式、内容和谐统一，体现了明代建筑思想、工程技术在山地间创造性的应用，成为当时建筑学发展中特殊的见证，具有突出、普遍的价值和意义。

岩穴文化是古代泰宁存在的特殊现象，它反映了泰宁早期先民狩猎、采集时期的生存状态，而岩棺文化反映出的则是岩穴人灵魂升天的原始宗教信仰。岩穴也是道教、佛教传播宗教文化的场所，始建于宋代的醴泉寺、甘露寺、丹霞寺、宝盖寺等宗教遗址，见证了那一时期宗教文化的脉络。其中，甘露寺建筑精巧的设计、独特的构架和细致的匠作，被视为当时岩穴宗教建筑的范式。

建筑的设计、建造及环境属于建筑学范畴，但每一座建筑都与其文化思想有密切的关联。泰宁的建筑往往坐落在历史上具有影响的名人居住过的地方，如栖真岩、小均坳、状元岩等。栖真岩曾是汉代名儒梅福隐居的地方；状元岩是宋代状元邹应龙读书处；小均坳则是宋代大理学家朱熹的避祸地。这些建筑遗址景观具有自身不凡的价值，而附加的文化元素使其具有更深远的意义。

泰宁色如渥丹的丹霞山，蜿蜒纵横的河流，郁郁苍苍的林木，构织了一道色彩天成的屏障，让这一方幽静山水间的民众，在漫长的时光中孕育了古朴淳厚的民风，并在早期生产劳动过程中创作出原始形态的大源傩。受客家文化的影响，明代，泰宁地方戏曲梅林戏已臻于成熟。农历每年的正月十五，泰宁民间例行“桥灯”盛会，金龙曼舞，通宵达旦，显露出泰宁民间传统文化极富形象思维的创造力。

泰宁由最初的自然景观转化为人文景观基础的现象，在人类社会发展过程中具有普遍的意义，但由于地域性的差异及社会各阶段发展的不同，呈现出殊然不同的人文景观。其殊异之处在于，自然景观出落得天成俊骨，仪态儒雅，带有一股书卷气，带有一种拔新领异的魅力，悦近徕远，因而客家人的足迹很早就印在泰宁的山水中。自此而后，引来了无数探赜索隐的文人，泰宁从此成为古代七闽文化荟萃的地方。

水缘山而秀，山得水而奇，泰宁以山水互融而毕显灵性。泰宁山水不乏古朴的风韵，质朴而不俗，恬然而不媚，既不显得纤柔，也没有慵态，看似莽山敝野，却都有名分，天赋的自然景观，似乎有意无意地与城市人造园林区隔。走在泰宁山水间，大自然景观像一幅画轴徐徐展开，让人很自然地留住了寻梦的脚步。

自然遗产景观在很大程度上是与人类生存息息相关的，世界上的自然景观都曾留下人类的足迹。自然遗产既是人类的物质资源，也是产生人文思想的基础，具有人类活动的连续性。简而言之，"自然遗产"一词并非具有绝对性，因为它具有人类主观认识上的社会属性，它的主要标志为，既有客观存在的自然属性，同时具有适应人类生存并为人类提供认识客观世界的审美情趣。

对于自然遗产审美观，中外历来不同：中国传统文化倾心于自然景观的含蓄性，犹如一幅晕染的山水画，既富有自然山水的客观真实，又具有情感印象的主观意念，它体现出中国传统文化中重视自然美与印象美的和谐统一。同时，传统的审美观并不一定附带经济价值尺度，这与注重经济尺度上权衡自然景观是有所不同的。我以为，有关自然遗产的美学价值，在于自然美的客观实在，同时，自然美的价值又具备人类社会欣赏属性。当然，自然美具有相对的自在性，因而让人联想到，在以美学思想审视大自然时，对于地质地貌景观是否可以用地质美学去理解？

灵山秀水赋予了泰宁古城的形体和内涵，山水不断修饰这座古老的城市，让这座累世被称作僻壤奥境之地，有幸成为当今罕见的自然生态环境区。如今，快速发展的现代城市保留下的自然景观少而又少，仿自然的人造景观，如同为城市打补丁，城市没有了自然景观就好比一个人缺少一件像样的礼服，而泰宁所拥有的自然锦绣，犹如具有无数套装礼服，这应该是未来绿色文明城市的发展方向。

欣赏自然山水之美，是人内心之美向自然界的延伸，是对美的追求和渴望，也是完善自然与内心和谐美的历程。欣赏者所采取的方式各有不同，或面山水匆匆掠过，无暇用心品赏，或盘桓其间，有所悟得而延宕归期；一则表现为人与山水间的缘分，二则裁量出人文欣赏水平，若到“相看两不厌”的程度，可以称之为山水物化为我的境界。我深以为，泰宁山水景观最佳欣赏之际，每每在于人作为认识主体对客观物体得到获得性的欣赏，或者称作相对的沟通过程中，审美观念已经完成。

在泰宁欣赏自然景观，时时为人文思想所牵系。登金铙山白石顶瞩望，一衣带水的宝岛台湾，日月潭碧波泛滟，阿里山犹在面前。金铙山与阿里山亲如兄弟，大金湖和日月潭情似姊妹；自然山水景观完整的形式美，统一的内容美，遐迩欣赏，令人有绵绵不尽之思。

泰宁，因其地理位置上的偏僻，它的山水景观幸运地保留到今天。泰宁自然遗产所独有的自然山水景观不仅仅是泰宁的，也是全人类的。

◇ 金湖腊梅

◇世界自然遗产：泰宁大金湖水上丹霞景观　摄影／刘贤健

◇世界自然遗产：泰宁大龙乡八仙崖丹霞地貌景观

◇邹氏后裔拜谒邹勇夫之墓

◇ 泰宁古城状元街李氏宗祠

◇金铙山花岗岩地貌 摄影/陈宁璋

金铙山

Jinnaoshan

金铙山的孕育期在古生代，
经历了地质古生代、中生代、新生代渐化过程。
当金铙山直立起身躯时，人们发现，
金铙山已经成长为一个飘逸潇洒的青年，
如同韶华人生——这是金铙山最美的纪年。
也许，在它成长中最值得记忆的是火山喷发，
在焰火中增高了它的身量，
它的身上至今还保留着清晰可见的锻造痕迹，
让人联想到女娲炼石补天的神话。

◇白石顶崖壁下方十余米处，由于重力崩塌形成巨大的岩穴，古人利用天然岩穴建成龙王岩庙 摄影/陈宁璋

◇金铙山白石顶 摄影/刘贤健

金铙山，海拔高程1858米。

金铙山还有另一个高度：泰宁当之无愧地膺选世界地质公园殊荣，人们远眺看到的第一个景观便是金铙山。

金铙山的孕育期在古生代，经历了地质古生代、中生代、新生代渐化过程。当金铙山直立起身躯时，人们发现，金铙山已经成长为一个飘逸潇洒的青年，如同韶华人生——这是金铙山最美的纪年。也许，在它成长中最值得记忆的是火山喷发，在焰火中增高了它的身量，它的身上至今还保留着清晰可见的锻造痕迹，让人联想到女娲炼石补天的神话。

泰宁世界地质公园由金铙山、大金湖、石辋、八仙崖四大地质景观区组成，园中地质景观类型众多，“表现出很强的独特性、典型性、稀有性和系统性等特点”。以大金湖、石辋为典型丹霞地貌景观区；八仙崖为丹霞、火成岩兼容性地貌，具有复合型地质景观特征；以花岗岩地貌为代表的金铙山，在四大地质景观区中以其“刚性”展现出独具的风采。

金铙山区地貌主要为火山岩构造，留有形态较为完整的火山口，火山构造及形态各异的火山岩岩石分布甚广。其体表形态有奇峰、摩崖石壁、异石、石洞、石笋、石柱等多种，又可以按岩石仿真形态喻名为鹰嘴岩、金字塔、风动石、玉兔、金龟等。

构造运动造成的垂直断裂山体，形成陡立的摩崖石壁，断裂面受流水侵蚀作用，在陡壁体表呈垂直性节理，突露枝状部分似嵌贴壁面，被喻为“龙爪”。

石洞系花岗岩水平节理或裂隙经崩塌作用，造成崖壁内拗，经风化作用逐渐形成花岗岩洞穴。而山麓或盆谷所见花岗岩岩洞，则主要为山脊崩塌滚落堆叠而成，较大的空间构造呈石屋、石洞形状。

以鹰嘴岩为代表的岩石形体则不同于叠压条件形成的石屋、石洞，主要为地质第四纪冰川运动巨大的冲击力磨蚀岩体下方，形成岩石顶面喙突，风蚀水流仅为辅助作用力。山地间散落的体积较小的花岗岩石，主要为第四纪冰川漂砾，受风蚀水沥作用，形成圆形或椭圆形状，仿佛一颗颗晶莹的石卵。

金字塔形状的成因系岩体三组相互垂直的节理发育过程中，沿节理崩裂而成，石锷向天，立于丛石之中，别有情趣。

风动石成因主要为花岗岩颗粒结构层不均衡，在构造运动中造成水平断裂，经风蚀流水作用剥蚀棱角，逐渐形成浑圆状风动石。

大型或巨型不规则花岗岩块状，如状元帽、石破天惊、芝麻开门等，具有垂直、平行等不同方向作用力形成的裂隙，热胀冷缩也是此类岩石成因之一。因花岗岩体状不一的差异，几何形态上也有所不同，并具有相对的稳定性。

金铙山像一座花岗岩垒筑的奇异迷宫，人们一直试图破解它内涵的玄机。一般认为，风化作用与崩裂、坍塌作用是金铙山花岗岩地貌景观的两个因素。奇形怪状的花岗岩体受到热胀冷缩的物理作用力，造成岩体崩裂，由风化和水蚀作用的磨蚀，花岗岩岩块棱角处逐渐剥蚀，岩层表面生成层状剥落，形成巨大的椭圆状或浑圆状的几何体态。其立论具有一定的道理，但似乎忽略了地质第四纪构造运动对金铙山地质地貌从始至终的密切关联。

著名地质学家李四光先生在其《三大冰期》一文中指出："根据全国各地近年来所获得的资料，中国在第四纪时代，有过三次冰期，看来是比较可靠的。在某些高山地区，还存在着发生过四次冰期的遗迹，估计最近

◇金铙山盛产花岗岩

◇僧帽岩，当地人称「仙山聚会」 摄影／刘贤健

◇云海如浪花一般

一次冰期的遗迹被保存下来的年代至多不超过一万年。”

从总体上观察金铙山地质地貌，存在着第四纪冰川运动构造规律，出露地表的岩层主要为深成岩，以巨大块状花岗岩产出。金铙山在抬升过程中，受水平构造运动作用，少数岩体与基岩移动断裂，其裸露部分受内外应力的作用，及岩体结构层面不均衡而分解，造成岩石崩裂，呈现各异的几何形态。此外，地质构造运动也造成花岗岩体垂直裂隙，岩体崩解形成陡峻的崖壁。

地质第四纪冰川运动留下的遗迹在金铙山也有所见。冰臼是冰川运动的特征之一，金铙山海拔1800米以上存在多处冰臼遗迹，且分散于大致规则的古冰川运动带，冰臼大小不一，具有相近的形态。其中，一处被当地人称作“仙人池”的冰臼，面积约有十余平方米，毗邻不远处尚有一面积较小的冰臼。据此推测，金铙山冰臼是以第四纪冰川近似于线性移动的规律分布的；“仙人池”一带是冰川运动较为剧烈、集中地带；冰臼遗迹多集中于海拔1800米高程，显示金铙山第四纪冰川运动的范围主要在此区域。

陈宁璋先生在考察金铙山地质地貌时发现：“金铙山北面有一条缓坡底平的U形盆谷”，并在谷地形成冰川堆积地貌。U形谷是冰川运动过程刨蚀作用所形成的谷地。这一发现表明，在地质第四纪金铙山之北的地质遗存确系一处冰川槽谷。

曾有学者认为，中国东部沿海地带以及太平洋沿岸地区，受地质第四纪构造运动作用，平均隆升高度可能达到海拔2000米以上，这与金铙山抬升高度具有一定的相应性。以往，似乎忽略了对中国东部沿海地带第四纪地质地貌的深入探讨，而以现今发现的地质第四纪遗迹来看，或可表明第四纪冰川运动在东部沿海一带的确是存在的，金铙山可以称得上闽西北地区第四纪冰川运动遗留给今天的地质学标本！

李四光先生有一段十分精辟的论述："山谷冰川，经常起一种研磨的作用，这种研磨作用，就是产生冰川泥砾中的黏泥（又名黏土）的方式。在岩石受到研磨的过程中，一部分磨成黏土，一部分较硬和较重的岩石或矿物的颗粒，例如金刚石、黄金、钨、锡矿物之类，由于冰川底下细水长流的淘洗，被分选出来，而停积在较为低洼或受到掩护的地点。我国有许多砂金产地，是第四纪冰流经过的故道。"

金铙山在构造运动抬升过程中，出露岩层主要为"侵入岩"，部分为浅成的花岗岩类岩石，颜色呈灰白或肉红，因其具有斑状结构、块状构造，被称为花岗斑岩。金铙山由花岗岩物质构成，花岗岩矿物成分主要由石英、长石等矿物组成，具有等粒状结构及块状构造，与内生金属矿床有密切关系，其中主要有金、锡、银等多种元素，所产出金属元素在山溪搬运过程中磨蚀成金砂，泰宁县境内的金溪就是以此冠名的。

由之而联想到流行于泰宁当地的一则民间传说。相传"金铙山"一词，缘起于西汉时闽越王无诸游猎至此，将一副金铙遗落山中，后人便将此山称为金铙山。据《明史·地理志》记载："泰宁府西南，西有金铙山。"以我的看法，古人铸金为钟，金是古代"八音"之一；金铙山中巨大浑圆的风动石，每至熏风吹拂，巨石便发出如同金钟般的乐音；而金铙山地的形表正合乎金铙的形状，山如铙，声如金，这一形与声的组合关系是十分奥妙的。而至迟在明代以前，金铙山一词的含义在民间已是家喻户晓了。有关无诸遗落金铙的传说，大概是当时的文人借此表达怀古之情罢了。

奇峰异石构筑了金铙山的骨骼，山体色彩的变化让金铙山焕发出诱人的容姿。地貌复杂形成了金铙山独特的山地气候，受海拔高度和坡谷方位

◇金铙山上的植物

等因素的影响，气候垂直差异较为明显，而以中亚热带山地湿润气候影响较大。金铙山地带四季分明，气候温和，降水量丰沛，形成不同高度生物垂直地带多样性。

金铙山海拔1000米以下生长着茂密的竹林，在相邻的坡形地带保留着天然常绿阔叶林，郁蔽度90%以上，为山居者提供了良好的生息环境。林带区至今留有古人筑建的石屋一座，形制古朴，想来是当时依山隐居者修筑而成。

其上为曲径山道，乱石丛生，崎岖难行，视野所及为成片的原始林。林内树种类型丰富，主要为常绿乔木，古木参天，间有灌木群落。海拔高程1500米处，可见成片松林，枝干遒劲，翠帷苍郁，一路山风，送来阵阵清香。

海拔1700米的高处，呈现出一片广阔的坡地草甸，绿草如茵，草间山花点景，颇似一幅色调娴雅的天然画卷。

金铙山，一条奥境寻幽的探险之路，一扇考察第四纪冰川遗迹之门，一处供人欣赏的世界地质公园和自然遗产景观。

二月回暖的初春，金铙山麓杜鹃花绽放，花随山势，阶梯式铺展嫣红的花瓣；五月登顶，那时，金铙山一片火红……

◇金湖捕鱼人

金湖泛舟

Jinhufanzhou

山水天成的大金湖，钟天地之赋，
于湖中行弥远，心境也愈平和，
群山万物，默视一身，
那是景观境界在默读人间。
泊舟大金湖中，其实人未静，
只是湖在澄心，
那心的浮动本是天地赋予的灵犀。

◇百川之水汇聚形成了烟波浩渺的大金湖

在中国传统的文化中，寓情于山水是历代文人所追求的，自《诗经》以下，咏叹山水的散文和诗歌，每个时代都不乏所见，而魏晋时所创作的山水诗竟成为流行的时尚，足见山水诗在中国文化史上的价值和重要性。

藉山水抒发心迹，表达的是人文思想，追求自然美和认识美，并达到物我两忘的情境，可视作人们追求美的最高精神境界，这种文化现象甚至可以追溯到远古时代。于是，寓情于山水之旅从古代走到今天，人们在不断地追求、发现、探索自然美，山水之旅已由曾是贤达的专擅，发展成为人皆可为的平民之旅。

在今天，寻常人家的山水之旅已司空见惯。这是一支浩大的回归大自然的群体，几乎所有的名山秀水都留下了他们的足迹。而受旅游业产业化的利益驱使，仿自然山水景观的人造山水景观比比皆是。自然山水景观与仿自然山水景观二者根本上的区别在于，前者具有原始的地理环境属性，是地球物质世界留下的自然遗产；后者是以经济利益为出发点，将自然山水景观虚拟化，是一种人为的主观意识对自然遗产的改装。后者隔离了人与自然山水的亲近，这是对自然山水景观的误读，是对人性向往自然山水景观愿望的扭曲，是以短期经济利益割断历史传统文化的短视之见。

可以说，前人走过的是荆棘小路，获得几分旷野中奇花异草的清香，而今天被拓宽的旅途则被两侧林立的建筑物所夹持，自然山水景观只能在路的尽头寻找。同样的路，不止一条路，通向闽西北的泰宁，在丹霞绿帷之中，人们发现了自然山水景观——这处自古以来被称作“奥境”的地方。

大金湖位于泰宁城西南山地间。这条凹陷狭长的谷地中汇聚了百川之水，几经变迁形成了烟波浩渺的山地湖泊。大金湖是泰宁的一面镜子，镜面中折射出大自然恩赐的山水自然景观。

◇金湖兰花

湖水依山停居，丹霞傍水生姿，一叶扁舟，泛波其间，尽览湖山之美。坐在舟中于湖面逐波观赏丹霞，仿佛浮舟拖着丹霞行走。往日，我曾游历过不少奇险秀美的青山，惟独这丹霞像焰火一样灼目，掣人神驰心往。丹霞似乎只有邂逅的缘分，它是那种极具色彩个性的山，从它的身上可悟到山的灵气。我也曾游览过其他地方的丹霞地貌，但像泰宁县境内景群丰富、臻于完整的丹霞地貌却是十分罕见的。

泰宁丹霞地貌发育在距今6500万年的中生代白垩纪的内陆盆地，是一套红色陆相碎屑岩沉积而成。自地质第三纪开始，受新构造运动的控制，红色的砾砂岩层不断抬升，又因断裂崩塌、流水侵蚀和风化作用，形成形态各异的丹霞地貌。金湖地带的丹霞地貌因金湖的形成，丹霞自然景观得到重新组合、分配，由单一的山地丹霞景观派生出水上丹霞绝景。丹霞依水而秀，碧水因丹霞而愈显清澈。绿树、丹霞、碧水，合成一派立体景观，千姿百态的丹霞赋予了金湖山的魅力。湖中丹霞岩峰如矛，岩柱如杵；岩锥似笋，孤岩

◇情侣峰

若堡；更有丹霞红墙回护岩塔，幻化万端，冠绝东南。

大金湖景点众多，分布于百里湖区，为了更好地保护大金湖自然生态环境，尚未开放的景点不在少数。湖区景点大致分为聚合、分散两种形态，以湖中心丹霞湖山区域较为集中，其主要景点有幽谷迷津、情侣峰、大赤壁、水上一线天、十里平湖、三剑峰、猫儿山，以及鸳鸯湖、天迹水帘、野趣园、醴泉岩、甘露寺等二十余处。

金湖岸涯盘回曲折，山溪与湖水交汇并流，迂回环绕山前。湖山相依，湖中有山，山中有湖，可谓湖中四时容山影，环山无处不清波，丹山碧水之妙非亲历者不能知。沿湖口溯流而上，是一处名为幽谷迷津的溪谷。

溪谷早年间被称作二十四溪，众多山溪曲折流入溪谷，积水成潭，故又称二十四折。溪水两岸曾有石阶山道，后因湖水丰盈，水涨溪谷深处，二十四溪半数以上已成湖中潜流，余有几条山溪潺潺入湖，湖中绰约可见石阶山道，鱼戏台阶之间清晰可见。

金湖水中情侣峰，峰冠相倾，似探身相询。上有翠木，枝条如青丝悬空，形象宛如倾听状。其下壁面节理如榴花裙衣，裙摆濡于水崖，点缀有芳草图案；流水之声，伴虫啁鸟鸣，隐约可闻。崖壁上生有枫树，每至深秋，落红如雨，飘满湖湾，婉约动人。

眺远山而近景移，水波潋滟中矗立着金湖大赤壁。大赤壁的色晕如渥丹，与绿树、碧水合为三色，壁面如切，与湖平面构成三维空间。赤壁犹如大气磅礴的影壁，两侧有湖水引景，其一侧毗连“仙山”、“寿山”，山峦连绵，幻若楼台亭阁簇拥的城邑，至为壮观。

丹霞赤壁濒湖而立，长400余米，高约百米，崖壁峻拔，色如凝血，一面巨大的石屏上留下的是风蚀水泐的痕迹。于是，面壁生情：泰宁始兴于汉

◇水上一线天

代，石壁宜刊刻两汉大赋，如贾谊的《鹏鸟赋》，枚乘的《七发》，或者司马相如的《子虚赋》；或镌以曹子建的《洛神赋》，陶渊明的《归去来兮辞》。若将苏东坡《赤壁怀古》镌刻于金湖大赤壁，而金湖的水从东向西流，情景不符，略嫌遗憾。设想金湖大赤壁位于三楚之地，用来镌刻屈原的《离骚》，天下人都不会有异议的。

泰宁自然景观钟灵毓秀，也是一个文魁辈出的地方，“隔河两状元，一门四进士，一巷九举人”，绝非溢美之词。依我拙见，泰宁的金湖，泰宁人的辞赋，才显金湖赤壁的本色。就让这渥丹赤壁不著点墨地留给大自然，丹霞如椽，碧波如池，永恒地续写金湖自己的赋。

水上一线天陡壁如切，岩顶有一条细长的裂隙，坐在船中只能仰看蓝天一线，幽暗的峡谷里可见天光一脉，险隘处只能容得一叶扁舟。过一线天百米水程，竟似长河摆渡。泛流回首再望，顿觉天际明媚妍丽，苍苔斑驳的崖上生有奇石，颇像一尊庇佑众生航渡的观音菩萨。棹工告知，人过一线天如上一重天，得一分福地。看他那副虔诚的神态，大概不是随意杜撰。流播在民间的传闻，久而久之会生出些美好的故事，在世居泰宁的人眼里，这尊灵验的观音石被誉为金湖的镇湖之宝。

十里平湖是一片开阔的水域，平湖夕照，金波粼粼，是十里平湖一日中最美的时刻。开阔的水面上，游目骋怀，令人萌生遐想。夜阑皓月，荡于湖心，星随波移，疑是游弋在琼楼玉树的天宫。

茂密的原始森林干云蔽日，陡立湖中的三剑峰迎面而至。民间相传，春秋时铸剑师欧冶子为越王允常铸冶五柄名剑，传子句践，历经十一世传无诸，汉初，汉高祖刘邦封无诸为闽越王。泰宁金湖古地是扼守闽越的军事险隘，无诸立纯勾、豪曹、巨阙三剑于隘口，剑承地气，化结成石，远眺如

◇十里平湖

◇ 三剑峰晨曦

剑，剑锋冲天。文人墨客则另有说法：三山颀长，形体犹如窈窕淑女，裙裾曳地，徜徉湖滨，与传闻大相径庭。真是仁智互见，或者，在男性的眼里，三剑峰是姿态婀娜的美女？

形态是山水景观的表象，给人以直观上美的享受，它是自然山水藉以表现美的神韵。大金湖自然景观蕴含的神韵包括险夷、色彩、动静、曲直、刚柔、“敞”与“新”等诸多要素，并与山水景观形态相互融合表现。

山溪自高处入注金湖，疾流跌宕，所经之地，水泐丹霞，终年不息，导致崖体崩坍，巅顶如剑芒，呈锥状山峰；陡壁峻立，形成巷谷、线谷。溪流的作用，减损了丹霞的高度，犹如一位雕塑家，将一个厚朴的几何物体雕塑成为精美的艺术品，山溪既是自然杰作的创造者，又是山水造型的构成部分。山溪的功力在于造化险夷，将丹霞“化夷为险”，也就是将看似雷同的丹霞景观，逐一镌刻成千姿百态的丹霞体，化风蚀圆融面为奇峰，层次节理愈见分明。山溪经年累月的创作过程持续着，金湖源头的景观也在不断地变化着，新景替代旧景，旧景托举新景，今日浑沌变为明晰，而他日明晰又变为新的浑沌，周而复始，即老子《道德经》书中所说的“高者抑之，下者举之”，大金湖美的景观永远是新的。

色彩是自然山水景观的要素，大金湖自然色彩以丹霞、绿树、碧水三种色彩为基调，随季节变化，山间湖畔点缀些琪花瑞草，成为金湖基调三色的辅助色，色彩简洁、明丽、清纯。然而金湖的色彩富于变化，日出时，丹霞似火，夕阳西下，为丹霞敷上一层橘红色的光晕；露珠滴翠，是晨曦中树木的本色，雨后的林带烟云缭绕，色如墨绿；水色因时而变，或橙色如金，或波静似碧玉，月辉之下，泛衍出一片银色。通常，人们对山水景观的色彩偏好于五光十色，其实，色彩不在于绮丽而在于变化，不变

◇ 金湖大赤壁

◇ 罗汉山

◇猫儿山

的色彩再多也显得单调，色彩的变化让简洁变得绚丽，这是大自然色彩的奥秘。老子说："五色令人目盲"，缤纷的色彩让人分辨不出它的美，多种色彩杂乱地混同一起，便会失去本色之美。金湖色彩之美，在于它的简而不繁，让人赏心悦目。

金湖的山水具有天赋的灵性，富于模拟形象表现的景致比比皆是，而最具有鬼斧神工的传神之作是湖畔的猫儿山。此山正看如峰，侧面如一只体形硕大的狸猫。猫儿山之灵表现在善于藏匿其真面目，以形体变幻的方式呈现山的景象，它的每一面形体既是真象又是假象，亦真亦假的两个景象，用于区别与其他山形的不同。它朝群山的一面如峰，面湖似猫，虽然表面上看来都属于静态，但因形态的变化，模仿狸猫就带有动的一面。也许，最初它从谷底抬升时，就已经被塑造成今天的模样。猫儿山天成的动静让人称奇，它的一动一静也掣动了游人的好奇心。于湖中观察猫儿山，舟在动，猫在静观；若舟中人远眺群山，猫儿山仿佛在群山丛中窥视舟中人，此时，舟静止，猫儿动；而猫儿山此刻将静止的一面留在了身背后，奥妙的景趣谁也无法看透。

在大金湖中，山是静的，水是动的；水是静的，湖水中的投影是动的；湖面是静的，湖底的潜流是动的；山上的林木看上去是静的，而摇曳的枝叶是动的，鸟儿也是动的；当清风轻轻掠过湖面，人的感觉是静的，但风中带来的湖籁之音的节奏和旋律是动的。

大金湖的时空在移动，它的景观带给时空中永恒的美。大金湖的动静随四季时序而变化，但在人的视觉中不易发现，每一次换妆都似乎是在静中完成的。老子说："致虚极，守静笃，万物并作，吾以观复。"那意思是以静观动。我不情愿相信老子的话是对的，所谓静中观动只是认知大自然事物的其中一面，其实动与静是相辅相成的，“守静笃”即表现为心动的过程，不动何以观察变化。这好比舟在大金湖中，就是大金湖山水中的“动”，这种感受只能在丹霞碧水中去体验了。

大金湖不同于一般的人工湖，它自得天然优势，湖山俱佳。以湖而论，既有湖面似镜的十里平湖，又有丹霞围拢之间的湖巷：窄处水天一线，湖湾形态迥异，湖水偎丹霞崖壁平直延伸，潋滟浮泛，一波三折，如同一列雁阵，贴水面巡游。其变化逢直必曲，回水之处，曲折自如，曲尽旖旎之态；湖湾中弧曲相连，乍看水线，如春蚓秋蛇，别有一番天赋的韵味。

上溯湖水之源，岸曲依山变幻，靠水涯的一侧，山地由低处逐次升高，沿途山麓下的石丛中，好像一条铺陈石磴的山径，由下攀缘升高，远看笔直整饬，近观参差不齐。缘山直曲分明，直处体现了山峰刚性的一面，曲处显露出湖水的柔情，刚柔相济，由湖心到源头，山溪连续交错呈现，引人入胜。

以山与水相比较，山石越坚硬，溪流与湖水愈显柔曼，山石虽坚，在水的冲泐之下，也会变得棱角俱损，变成柔水塑成的神态可掬的模样。老子说：“天下莫柔于水。”柔是湖水的属性，水不但善利于万物，也能侵蚀坚实的刚性。所谓“天下之至柔，驰骋天下之至坚”就是这个道理。细细品味，大金湖的山水也有令人值得思索的含蓄之美。

老子有一句话说得好：“洼则盈，敝则新。”洼地如腹空的器物，因为地势低洼，所以才能够充盈更多的水；看起来显得敝陋的物体，但它有别于一般近似相同的物体而显得新。这句话讲得言简意赅，似乎泰宁的大金湖即是以此观念形成的。

大金湖是群山中的洼地，正因为它地势低洼，所以百川之水融汇成湖。

大金湖湖山相映，其丹霞、碧水、绿树，三色彰显，天赋的自然景观不同于别处，又因地处被称作“奥境”的闽西北崇山峻岭中，看似敝陋，而实际上是具备了山水景观中最富有自然美特征的，这种与众不同景观就是“新”。

“敝”与“新”，还有另一种解释，如果说在自然遗产景观修建仿古亭台、楼阁建筑，其貌似新，但既没有传统文化义涵，又破坏了景观观瞻空间，这种意在表现经济上的“富”，实际是对自然遗产认识上的不足所表现出的“贫”。以往，曾有不少的自然山水景观堪称是景观旅游的富地，随着仿古的时尚风气，以所谓新颖的建筑改变了自然山水景观，景观整体性被割裂，植被面积在缩小，水质在变坏，自然山水景观随之由“富”变“贫”。

大金湖犹如一幅素绢，山在湖中，似朱笔书写出的行书，绢波似飞白，虚中见实，犹如山水自成的一幅书法，大金湖山水书法之旅情愫尽在其中，将大金湖比作书卷气景观也不为过。山水天成的大金湖，钟天地之赋，于湖中行弥远，心境也愈平和，群山万物，默视一身，那是景观境界在默读人间。置身湖山之间，景观似为我而备，己动它动，己静它静，而金湖山水默含静动之礼，人是察觉不到它的大动大静的。泊舟大金湖中，其实人未静，只是湖在澄心，那心的浮动本是天地赋予的灵犀。

倘若将金湖比作一本书，原本是有无数人阅读，湖畔把卷，仅为篇章序目，棹舟入湖，只不过才阅此书，千人读罢我方读，各有所悟，或有人记得，或有人忘却，当是因人而异，言人人殊，竟终未能有解惑者。寄托悬想者于此，或一页铭心，而从此逸游山水，身随异景，心翥金湖！

76581

上清溪

Shangqingxi

真正知山水情境的是上清溪的筏工，
他们每景一咏，一棹一歌，
内心质朴无华的美与上清溪自然山水的美相谐，
他们是为上清溪山水而生活的人，
这才是上清溪不能缺少的美。

◇上清溪水冲破殳山夺隘而下

殳山之水，破山夺隘，分流而下，集于一川。

不知何年何月，云游的道家行经此地，为川谷取名“上清溪”。相传，这位道家揖别上清溪后，为寻找玉清、太清二溪，不知所终。

这位游方道家显然是奉先秦道家思想为圭臬的。老子《道德经》一书中有“一生二，二生三，三生万物”之说，想必之后的道教以“三”衍分“三清”——上清、玉清、太清。古时道家将“三清”视作居住的仙境，不知这位道家是否遂愿？只是名山秀水名录中始终未见玉清溪和太清溪，大概山水景观中实在没有哪一条溪流与上清溪相匹了。

据乾隆《泰宁县志》记载，最早游历上清溪的是明代陈九畴。其实不然，在之前邵武人上官均已来此境。上官均是宋代熙宁三年（1070）殿试的榜眼，他有一首描写殳山景色的诗，诗中有“高标秀色出群峦，尘境纷纷意独闲”，山中溪流秀色正是洗涤尘世烦扰的幽境。但上官均也不是游历上清溪的先行者，将奥境中的上清溪视作仙境欣赏的是东汉末期的梅福，以至于流连忘返，就在距上清溪岸畔不远的一处岩穴中栖居下来，他应该是上清溪的第一位知音。

大概在宋代之后，游览上清溪的文人多了起来，其中也有些官场失意的官宦。到了明代，上清溪已小有名气，而慕名远道来者不乏其人。中国的文人历来与自然景观有一种割不断的情愫，无论仕途受挫，还是看破红尘，大都愿将腹内的心事诉诸山水。然而，留给上清溪的诗文中却看不出有丝毫的怨望之情，这些诗文超然物外，全然摆脱了世俗之气。

文人们在游览上清溪之际，乘兴为上清溪的景物取了名字，而最善于此道的莫过于明代礼部主事池显方。这一风气延续了好几百年，而上清溪有名的景物已有50余处，可见上清溪的自然景致已引得世人注目。

山溪淙淙流出殳山川谷，依势蜿蜒于山地间，沟谷自浅而深，水流由缓而疾，至上清溪之首，汛流激荡，浪花排空，漫衍巨岩，岩石一似天阙扃锁，古人称之为“龙门”，非神仙不能涉渡。

上清溪魏晋以后为道家之地，而时有神仙方士游历的传闻，并掺杂一些神仙鬼怪的故事。殷天祥又名道筌，自称七七，《太平广记》记述，唐代贞元年间，常以卖药游历中原。称其“每日醉歌曰：弹琴碧玉调，药炼白朱砂。解酝顷刻酒，能开非时花”。时人传闻，“七七酌水为酒，削木为脯，使人退行，指船即驻，呼鸟自坠……”殷七七萍踪不定，唐代时期，上清溪人烟稀少，大概是其路经之地，他可能由闽西北入江西，市井卖药十余年，后入蜀中。

龙门下端水涯并排两条石脊，分流溪水，首尾跋扈，欲凌空腾跃龙门。溪流右侧，有灵石如镛钟，时时鸣应流水之音。岸边生有五棵古松，有书生欲仙之态。

竹筏漂移至一处较大的水湾，迎面看到的是一座屏立的山峰，屏面当空舒展，人称“仙帆迎客”。山溪傍山麓涯岸缓缓而流，由远而近，伸手可触摸到崖壁上的青苔，绕过水湾，回头再望，最先见到的那座山峰已隐遁在一座山峰之后。筏行不远，溪畔兀立一峰，竹筏随水势横于溪流，此时只见三山交叠侧立，近山叠线，色如眉黛，远山似石青晕染，无限山岚与云霭相连，此刻，筏静山动，三叠之景渐行渐远，疑是天上的仙山御风而去，留给上清溪的是三叠的背影。

竹筏顺流而下，两侧崖壁沥有皱褶纹理，裙衣高束，裙裾曳波，显露山岩清骨，似有“曹衣出水”之态。溪流左侧涯畔，巨石双峰高耸，形如橐驼卧栖。筏行不远，陡壁可见斑驳孔穴，形如猫头鹰，又见藤萝盘桓崖壁，穿梭引织，黄绿交叠，仿如孔雀开屏。

◇上清溪漂流

◇山涧绽放的野百合

他山赏花或远观、或俯瞰，在上清溪则是乘筏于流水中观花。溪流由宽陡然变窄，由浅而深，水色由浅清而变得靛蓝；两侧巷谷款款侍立，崖顶或隆或陷，如墙垣垛口；草卉簇生其间，叶柄垂空，芊芊草中，兰花正幽，幽香徐徐，沁人心脾。上清溪建兰遍生人迹罕至处，此处兰草品种繁多，以“小虎梅”为形神兼具的上品，又因悬崖绝壁，攀缘不易，得获一苗欣喜不已。前人将此处称为兰谷、兰花峪、暗香谷，皆因人去名湮，至今芳名未定。

行云袅袅，流水潺潺，崖壁附生的还魂草触目皆是，涧上的琪花瑞草令人目眩，百合花莛凌空探伸，欲接水面。花信来时，云出岫间，巷谷之巅似流苏花冠，待熏风乍起，落花缤纷，景观之瑰丽他处罕得一见，故起名为“落花谷”。

自古以来上清溪有津无梁，早期只有采药人入谷采药，每每采得到野生灵芝，而药用植物竟有数百种之多。若以采药人的说法，此地又可以称作“仙草谷”。

千米长的落花谷霰雨如珠，响音似琴声萦回缭绕，翠鸟啁啁之声不绝于耳。竹筏在溪流中穿出，像一个花痴，带着落花谷花香的余韵，冲出水巷隘口，泊在一处浅水湾中。水崖有一片石滩，石滩上矗立着一面沿溪水伸展的巨大的丹霞断崖，断崖上布满了硕大的孔窍，其与较小的孔窍连贯一气，脉络或曲或直，或深如洞穴，或像是崖面上的浮雕，深浅层面或明或暗，色彩因天光而变化。丹霞断崖壁面犹如一块巨大的织毯，赭红的底色衬托着线条粗犷、形状各异的图案。每至正午时，壁面上金光流溢，上面的图案宛如缀结在光晕中的彩霞，年复一年，日出日落，再看上清溪落霞壁，依然如故，伫候艳阳。

水程复水程，丹霞接丹霞，赤壁岩穴形态变化无穷，呈现出丹霞微地貌景观：其小者如蜂穴，稍大者如山魈之目；其形状或如鸟喙兽迹，而大者肖似大象之足。距丹霞岩穴不远，有清乾隆年间摩崖石刻一处，据筏工说，系乾隆年间疏浚上清溪水道所镌刻。

竹筏随波逐流，溪流渐缓渐浅，流浅处乱石丛立，水深处回流荡漾，虽无险而惊悚不已。远眺山峦，丹霞鳞次栉比，似幢幢台阁，次第衔接，稗史称作“凤凰台”。

竹筏经细腰涧入沧浪岩。峡谷内上有飞瀑倾泻，下有深壑渊流，飞瀑如练可以濯发，溪水清澈可以濯足。沧浪岩一名典出有据：严羽，邵武人，宋代末隐居不仕。严羽性格豪放，自恃才高，但一生际遇却不太顺利。他所著的《沧浪诗话》对明清诗歌理论有重大影响。他注重诗歌形象思维，平生喜好寄情于山水。他在晚年曾游历上清溪，泰宁人以沧浪岩寄托对他的怀念。沧浪岩右侧崖间有山泉涓流，紊如缫丝，一说“忘川”，又名为“忘情”，二者皆有禅意，实则严羽晚景怀才不遇，托禅遁世，引得后人曲解其初衷。

汲忘川之水而不忘上清溪之景，竹筏右偎水涯，清晰可见岸端连阶石磴。此处名“余明岩”，有数百米长岩穴遗存，洞穴内可容千人之众，只能

◇ 上清溪阳关三叠

于筏上远观而不得近睹。

竹筏如凫，一川之水任其浮泛。宽敞处可透见山麓野生红豆杉，窄处可详查涛花岩，左右流盼，目不暇接。至虎跳崖高处目不可及，但据筏工所说，二十年前上清溪时有华南虎出没，而虎啸清溪曾为当时的景观，于今久不闻清谷虎啸之音。此间，瀑流回溯，滩平水浅，距竹筏羁泊金沙滩已不远了。

金沙滩泊筏，回眸再望，夕阳西下，枕霞欲眠。而此时，群山倏暝，鸟归岩巢，水波不兴。至夜，月光如水，群山低昂相依，潭静影息，万物寂阒，惟有草莽中传来螽斯之鸣，上清溪披上了一袭墨绿色的晚装。此时，方体悟上清溪道家的“无极”之理。

明代池显方在其上清溪游记中称：“转一景如闭一户焉，想一景如翻一梦焉，会一景如绎一封焉，复一景如逢一故人焉。”形象地表述了上清溪情境交融的自然景观。看来，池显方对上清溪是很有感情的。但无论哪朝哪代的游者都不过是上清溪的过客，真正知山水情境的是上清溪的筏工，他们每景一咏，一棹一歌，内心质朴无华的美与上清溪自然山水的美相谐，他们是为上清溪山水而生活的人，这才是上清溪不能缺少的美。

上清溪景致可与武夷山九曲溪相媲美。上清溪漂筏之景况为国内所罕见，上清溪山水与传统人文的结合形成了它独有的水载文化。在这里，上清溪是主人，以胜景款待来访者，作为客人，辞别之际，心诚无他，遂赋得《上清溪歌行》一首：

上清溪，接云袂，决泄殳山之峨髻。
洪荒地坼水混沦，波澜沸溃韶景丽。
但见岧峣瘦嶙峋，空闻猿猱独清唳。
冈峦宿草今还魂，泮林翠杉八百岁。

始知道山仙不归，调燮阴阳轻尘世。

欲下石磴津径遮，且从桴筏觅涯济。

岚岫侵霭云，水虹连天际。

流目惚恍无隙暇，篙竹轻拨烟帘闭。

忽如坠落开花台，登时纷华一坪集。

石钟何日破曦晨，双鱼沿溯龙门入。

岸边楚楚五棵松，雷巾道袍屏风立。

缘是书生羽化成，仙帆迎客抱长揖。

俄顷洄洑水沏迭，岑峨欹倾山禽泣。

陷壁悬嵌将军符，滂霈淋漉得未湿。

裙涧流憩渟渊深，寻看三叠绰约不可及。

适见峰巅泉瀑如飞雪，滴沥赤壁浑似血。

波荡水涘磐石寒，砥柱浸浔声如咽。

借得清光过溪川，石脉藤衣满壁结。

幽谷香透小虎梅，艾蒿丛中几欲绝。

祈使花仙易地栽，百卉不抵兰草节。

辞却凤凰台，还与沧浪别。

溘至余明岩，忘川涓流澈。

廊曲涣涣溅涛花，溯槎倏忽天光灭。

霎时漂筏消歇凌波散，伫楫犹闻湍濑砰訇乱。

湫隘挽纤筏不前，渚泊聊系松林岸。

石泓潋滟浥金沙，烟波淼淼湖汗漫。

浮客感此浪游长浩叹，回望上清没云汉！

◇ 上清溪谷有药用植物数百种，采药人称此地为「仙草谷」

寨下大峡谷

Zhaixiadaxiagu

行走在幽奥的寨下大峡谷山水之中，
有一种身心与自然的亲近，
不再思索泛义上的文化，甚至是彩笔下美景。
自然景观自在的美，
完全不以迎合人的意识而表现，
在没有人走过的地方，辟出一条小路，
想象中的陌生地，顷刻间变得如此地稔熟；
人在发现、感受平时看不到景色，
在互融中惊羡山水唤醒了自身人性的美。

行走在幽奥的寨下大峡谷山水之中，有一种身心与自然的亲近，不再思索泛义上的文化，甚至是彩笔下美景。自然景观自在的美，完全不以迎合人的意识而表现，在没有人走过的地方，辟出一条小路，想象中的陌生地，顷刻间变得如此地稔熟；人在发现、感受平时看不到景色，在互融中惊羡山水唤醒了自身人性的美。

泰宁是个多山的地方，最初，有的乡里都是以其所处地形和方向命名的，也有一些较小的村落，以所处的位置毗邻山寨而取村名，寨下村即是其中之一。据乾隆《泰宁县志》记载，南宋绍定年间，汀州农民起义军首领晏头陀率部入泰宁，在山地间构筑若干山寨。泰宁境内留下的古代山寨遗迹为数不少，如盘龙寨、黄石寨、青山寨、三门寨、虎头寨等不下十余处，寨下村就是因地处大石寨之下而得名。这些山寨并非一时所筑建，南宋末期所建山寨也未必是其上限。倚山寨而建的小村落所处地理位置较为偏僻，人烟稀少，至今，寨下村仅是一个地方的名称了。

寨下村旧址的轮廓已不复再现，只留下村头的一座石拱桥横跨在石塘溪上，距石拱桥不远的地方有一座土地庙。土地神崇拜源于早期对土地的崇拜，具有土地的自然属性以及对人们生存的影响，而后，时兴崇拜土地神的主宰土地权；所不同的是最初崇拜的是自然神，其后崇拜的是人格化的土地神，最终演化为一个地域乃至一个村的土地公，这个过程在先秦时期已经完成。据当地人说，此庙又称作“杨公殿”。《中庸》称“郊社之礼，所以事上帝”，也就是说，最初祭祀土地神的场所“社祭”，也可以祭祀其他的神祇，成为众神之庙，可见，土地神祭祀活动在泰宁民间已经泛化了。环顾四周，土地庙可能是寨下村通往山里最后的一座建筑。

前往寨下大峡谷的山路坡度明显增高，峡谷中生长着一片茂密的林带，

◇塞下大峡谷「天书」奇观

◇丹霞地貌

◇当地有崇拜「大树公」的传统习俗

是寨下村原著民供奉已久的“风水林”。史前崇拜树木的现象在世界各地都曾普遍存在，在中国尤其是福建、台湾两地民间都有崇拜“大树公”的传统习俗。人们崇拜大树超人的生命力和繁殖能力，尤其是树龄较长的古树，甚至将树木枯老的现象理解为树木灵异化，并作为神来崇拜。

风水林中有三株巨大的古树，错落分列，树冠遮掩通向峡谷的路径，如同虚掩的山门。以植物作大山的关隘，在自然界中是一种巧合，而对寨下村则意味着由树神守护一方风水宝地。从寨下村原著民对古树的崇拜，到其后裔对风水林的膜拜，所反映的是人在不同时期对树神的理解。人与树的关系由崇拜自然植物衍化到以堪舆论风水，似乎变得扑朔迷离；但追溯其根源则

◇丹霞山谷中的堰塞湖

是对大自然的敬畏，是在与其相关的社会生活中产生的，正因为如此，具有一定的合理成分，它的特殊意义在于为后人保留了丰富的山林资源，它奇异的构思在于“以林为关”。

竹林内延伸着一条以原木架成的便道，以木桩固定悬离地表，其形制一似山间栈道。由于山间草盛覆径无路可寻，搭建地上桥既可保护山地自然植被，又便于在阴雨天行走。

竹林之外，是陡立的丹霞崖壁，横向观看像是两座巨大的红墙，纵深处看到的是连绵起伏的山峰，峰丛错落有致地连在丹霞崖壁上，走在其中，纵横两面，各不相同，山道清新悦目，宛如一条迎宾的长廊。

前人或许未曾想到，他们世代相依的大山在今日成为世人瞩目的自然遗产，而这只是寨下大峡谷丹霞地貌景观的序曲。

面向悬天峡山谷凝神瞩望，一道丹霞，悬空而立。陡直的丹霞壁面渐渐地出现不规则的曲线，为巷谷空间平添了几分柔和之美。自地质白垩纪丹霞隆升伊始，风和水就在不停地重塑丹霞的外观，曲线的柔和之美是风蚀水沏成功的艺术作品，而崩塌断裂则是地质构造和风蚀水沏的伏笔，但在人的目光中，大自然的创造力和破坏力所构成的容颜都是可供欣赏的美的景观。走在平坦的巷谷底，左右两旁山崖上侧生的树木像一面面绿色的遮阳伞，崖壁上攀缘的藤萝像是壁毯上的纹饰。漫步巷谷曲径，可见与之连接的狭窄线谷。线谷之内，涓滴流瀑如琴丝，瀑珠飞溅，音声琅琅，于空谷中萦绕不绝。

地质构造运动在寨下大峡谷内形成了复杂的地貌，受构造作用力丹霞崖壁断裂，其崩塌岩体受重力和水蚀作用，倚壁而立，在风与水的剥蚀过程中塑成各种形状。谷内有一具肖似龟状岩石，引颈向天，形态栩栩如生，当地人称为“金龟问天”。

寨下大峡谷内散见天成拟人化的山崖，受水平流水侧蚀作用以及垂直流水侵蚀，在丹霞崖壁上形成波状凹曲，其突出圆弧形崖壁形成硕圆状，虔佛者称“弥勒岩”。但据当地长者所说，自宋代以来，此天然肖像便被称作“石伯公”。

中国古代原始宗教中对山峰的崇拜渊源甚久，《山海经·西山经》中记载：“昆仑之丘，是实惟帝之下都，神陆吾司之”，即传说中的黄帝以昆仑山为下都，“陆吾”是为黄帝掌管昆仑的山神。寨下村流行的“石伯公”就是当地的山神，至于如何转化为个性化的山神形象，又是如何传承这一神话传说，已经很

◇云崖岭

难稽考了。可以肯定地说，当地有关石伯公的传说很早，绝非凭空杜撰。

石伯公的传说即是古人对地域性山神的膜拜，与山居的原著民有关，由杂糅的神话向人格化传说递进。这一文化现象并非源自客家文化，理由是中原地区在两汉时期有关神的崇拜已经为儒家思想所替代，而客家人则在其后的东晋时期才迁入闽西北；假设客家人对原著民传统文化予以整合，人格化的石伯公在之后并未被传统的客家文化延续下来，这种差异性所表现的正是原著民文化的遗存，而不是客家人的精神产物。

寨下村原始宗教崇拜在其后逐渐被解构，主要是原著民岩穴文化在进入农耕时期后，脱离了石伯公传说时代的社会背景，缺乏了现实生活中的连

◇寨下村

续性，而之后儒、佛、道多样性文化介入，逐渐冲淡了原著民传统文化的影响；尤其是像石伯公这样的神话传说具有地域性的特征而受到局限性，以至于外界对寨下村原著民传统文化知之甚少。从探讨传统文化角度而言，寨下村古老的传统文化具有稀缺性，民间传说中的石伯公是泰宁古文化的一个典型，是民间口头非物质文化遗存。

相传，石伯公常在石丛中呼唤进山者的姓名，若其人答应，便会被石伯公摄走或藏匿石丛中。传说所反映的是原始的生活情境，很可能是原始部族掳掠对方部族人，以扩大族群的人丁。在后来民间传说中又增加了这位石伯公戏谑的成分：被石伯公掳掠的人在梦呓中受到饮食款待，醒来时，所吃的

◇千年古藤 野生草莓

◇天穹岩

食物居然是青蛙、蚯蚓。石伯公既然与当地人语言上能够沟通，那么石伯公这个神就是地方神。古老的原始神话故事，只能产生在人类早期文化，石伯公作为神话人物应早于秦汉时期。有关神话中留下的悬疑，只有留待日后考古发现时去作解释了。

丹霞岩是最富有形体变化的岩石，其岩相受物理、化学风化作用，由铁质、钙质、泥质胶结等矿物质固结，形成粗细相间结构的互层岩。受地质构造运动作用，寨下大峡谷发育具有典型的丹霞赤壁、洞穴、巷谷、线谷以及崩塌堰塞湖等丹霞地貌，组成形态复杂的丹霞群景观。

在大峡谷内，分布着形态不一、大小不等的丹霞洞穴，或呈聚合状，或分散为群落状。这些洞穴因其成因不同、受内外应力作用不同，以及所处岩体的位置不同，呈现出不同的微地貌景观。其中，天穹岩与百态岩分别为峡谷内两处洞穴，由于两处形态各异，大峡谷显现出富于变化的奇观，行走中观赏，令人产生若断若续的感觉。

天穹岩为峭壁之上一处穹隆状洞穴，其套叠状洞穴类型及奇异的形表引人注目。岩穴内布满了各种几何形态的孔洞，孔洞或相衔连，或相套结，结构完整而富有流线型、网状型变化。百态岩孔洞多为不规则的形状，且呈散状分布，看似陨石砸落的坑穴，因其深嵌壁面让人联想到丹霞不同的情态。自然界奇异的景象在古代很容易产生万物有灵的崇拜心理，当地人似乎很懂得神灵赋予岩石的各种表情，因此称为“百态岩”。

流水潺湲，饶有雅趣的一片篁竹林出现在峡谷间，徜徉其间，感受到寨下大峡谷诗情画意的情调，带着篁竹的清香走进通天峡。

通天峡巷谷底部较宽，谷内生有修竹，青苔覆壁，花草铺地，形成一条清新幽静的山道。山道盘回，逐次攀升，前有石阶相连；拾级而上，足下累石成岭，空穴生风，此处名“云崖岭”。侧身眺望，不远处丹霞山峰间有一形似巨大的跣足印记，被喻为佛足印记。“佛印”是佛教文化在山水间的反映，藉以阐扬宗教在山水间的灵异，是将抽象物赋予具象的表现。

通天峡壁垒高耸，形表方正，危岩如一通石碑。受地质构造力作用，山体块状崩塌岩石堆垒谷地，形成云崖岭，仰观“石碑”倚岭而立，蔚为壮观。

丹霞山地间，围拢一面堰塞湖，湖中架有古色古香木桥一座。倚桥休憩，于湖中可见游动的鱼群，燕雀掠水嬉戏，情趣怡人。桥一端崖壁间藤萝蔓生，草莽石隙中有一株孑然而立的千年古藤，主干色如古铜，枝蔓虬结，布满石壁，绿叶点翠，甚是可人。

石塘溪蜿蜒曲折，伴山而流。过石塘溪青石板桥，沿山间石巷进入祈天峡。祈天峡系不同地质纪年的分界谷，所呈现的地质景观与悬天峡、通天峡迥然不同。巷谷内清幽沉寂，四时泉流不息。丹霞断层崖壁间，形状奇异的洞穴随处可见。行至祈天峡尽头，有一座岩峰形似利剑，因此而名“倚天剑”。

寨下大峡谷景观区内有一处“藏经崖”，系地质构造运动形成的“摩崖石刻”。崖面由沟状、槽状组合而成深浅不同、粗细不一的纹理，其结构布局犹如一幅“天书”。天书布局沉稳，章法自然，构体拙中见巧；运笔如风斵轮，酣畅淋漓，遒劲有力，“入石三分”；体式如籀如篆，浑然一体，非神力而不能。观景如读书，常有游者至此，沉吟多时而不肯离去。

山间由远而近传来山溪琅琅之音，循声寻找到三叠瀑。溪水直下溢流断崖，阶梯式落差形成水帘和叠层的瀑布，形成岩、树、潭组合的奇特景致。山水之美在于山之坚、水之柔，坚柔而生情境，情浓处方能引人入胜。

神奇的寨下大峡谷，以其绝无仅有的地质景观闻名遐迩，同时，在自然遗产中衍生出浓郁的人文思想，体现了自然山水与地域性人文结合的特色，而这一切可以归结为大自然的创造力。

地质地貌必然与地域性的人文有密切的关联，构成丹霞地貌的自然遗产也会与相应的人文思想及风物共存，人文景观并不完全表现于古建筑物，而是在地质地貌区域内完整地传递传统文化，自然遗产与人文遗产是相辅相成的。

自然山水之美是客观美的存在，通过人的欣赏表现出其美学价值，山水之美影响人对美的获得与认知，或者说，在相对的沟通过程中已经完成美的欣赏。这里存在获得性的欣赏与欣赏中的获得及自然与人位置的转换，而美学思想主要是以形象思维产生的，所欣赏的物象必须具备特殊性并与普遍现象有所差异，寨下大峡谷丹霞地质地貌就属于此类欣赏对象。

寨下大峡谷的景观之美自不待言，但这一景观也渗入人文思想。最初的寨下大峡谷是以单向线路供人游览的，当景观观赏线路以自然地质地貌景观而布局时，由单向拓展成为放射状和回环状，这种对自然景观线路的设置就更具有欣赏性。这一人文景观意识，体现出泰宁世界地质公园区域性概念，表现其在概念上的拓展和延续性与泰宁自然遗产浑然一体，并以其具有的地域性、典型性、多样性，产生其自然遗产的无穷价值。

◇状元岩地质风貌

状元岩

Zhuangyuanyan

人世间，
一别万里，是空间的移动，
一别千年，是时间的流逝。
然而，状元岩这一方八百年前遗留下的岩穴，
萦系着后人的缅怀之情，
并引得远近的学子们络绎不绝地来到此地——不为别的，
只为状元邹应龙孜孜不倦的求学精神。

历史上的泰宁山水景观之兴盛有两种意涵，一是以自然山水之美而兴，一是以贤达名人而兴，状元岩属于后一种。

距泰宁县城十公里的状元岩是邹应龙早期读书的地方。通往状元岩的山路两侧是陡峻的崖壁，走在幽深的蹊径中，像穿越一条漫长的求仕之路。相传，八百年前，在这条石磴路上，一个负笈担粮的少年沿着曲回的石磴路走过。与山居的道士、僧侣不同，邹应龙舍家入山求的是禀受天地浩然之气，为入世求取功名作准备。

中国的科举制度萌始于汉代，至隋代初定形制，可以说，起于隋、兴于唐、盛于宋，虽然至宋代以后，科举形式与内容因时有所变异，但基本上不脱宋代科举制度的框架。

北宋中期以前，是采取唐代科举制度取士的，主要以经学传注为主，此外，或以诗赋、帖经、墨义作为取士的标准。宋熙宁四年（1071），下令改革科举制度，制定贡举新办法，进士不再考诗赋、帖经、墨义，而以时务论策及经学侧重义理为主。南方所取的举人、进士大多通晓义理之学，当时的这种学风也波及泰宁。

自唐代起，儒学之风便流行于泰宁，但泰宁儒学真正兴起是在宋代。宋神宗熙宁三年（1070），泰宁人叶祖洽策试进士，为泰宁夺得第一个状元。但是，当时泰宁只有一座荒废的先圣庙，泰宁的学子像道士、僧侣一样深居岩穴苦读经史。继叶祖洽之后，泰宁又产生第二个状元邹应龙。邹应龙状元及第之后，其家族又出了四位进士，即所谓“一门四进士”。

宋代泰宁的状元就是在绝壁岩穴中诞生的。令人感叹的是：从古代岩穴栖身的先民，到修行于岩穴中的道士、僧侣，以及之后科举求仕的儒生，都在岩穴中奠定了人生的目标。就本质上看，儒、道、佛三家的起始和归宿迥

◇状元岩邹应龙塑像

然不同，但从形式上看，都可以视作泰宁的岩穴文化。

据《宋史·邹应龙传》记载："邹应龙字景初，庆元二年（1196）进士。历官为起居舍人，以直龙图阁权知赣州，迁江西提点刑狱。寻迁中书舍人兼太子右谕德，复兼太子左庶子、试户部尚书。"后曾累任工部尚书、刑部尚书、礼部尚书兼侍读、资政殿学士等职，又以敷文阁学士提举真原万寿宫、玉隆万寿宫及端明殿学士提举洞霄宫。淳祐四年（1244）卒，赠少保。

邹应龙传全文仅213字。一位钦点的状元，六部中做了四个部的尚书，具体事迹竟一字未提，只罗列了一堆职官名称，对此，中华书局在点校《宋史》时，于《出版说明》中指出："宋人国史记载北宋特别详细，南宋中叶以后'罕所记载'，《宋史》依样画葫芦，显得前详后略，头重脚轻。"所说极是。

《宋史·邹应龙传》所列邹应龙职官中，礼部尚书，从一品，少保，正二品。宋代以工部尚书为六部中之末，也是六部尚书中资历最浅的；户部尚书为六部中的第二部；宋代直接以户部、盐铁、度支三司为一个经常机构，礼部尚书为六部中第三部，礼部职务极为清简。邹应龙从出仕到乞老告退，

◇陡立的崖壁，当地人称「晒书崖」

他的最高官阶是从一品。

宋代的职官弊病在于官与职并不相符，官是虚名，“职”才是实际的官，即使有职也不一定有职务，差遣才是职务。而邹应龙受赐“端明殿学士”也只是执政大臣的荣衔。此外，还有一种“赐禄”，以道教宫观为名，给予一定待遇；所谓的“宫使”则是用以安排罢退的大臣；其次，方为提举某宫观。

据宋人赵与筹所撰《故少保大资政枢密参政邹公圹志》所记邹应龙的家世：曾祖父邹光逵，封赠为太子少保，祖父邹俣封赠为太子少傅，父邹徽封赠开府仪同三司。《圹志》又称：“年十八，习《春秋》，贫无书，‘三传’皆手抄”，大概家业中道败落。二十四岁中举，次年，“试礼部第一”，钦点状元及第。

《圹志》称：最初授邹应龙秘书郎一职，出任南安知军。此后，宦海浮沉，但纵观其仕途，还是稳步迁升的，官场失意并不多，一方面是个性所致，另一方面则是在其后阅历已深，逐渐变得练达。邹应龙于宋嘉定元年（1208），以试户部尚书身份出使金国，嘉定二年十二月出任泉州知军，惩治南方皇族子弟及劣迹昭著的巨商；其论政、谏言多有中肯之处，颇有声誉。为官期间，所到之处为当地做了些利民的事情，也可称得上是一位务实的官员了。同时，《圹志》还记录了邹应龙曾数次“剿抚兼施”农民起义之始末，只不过是以赞誉的口吻描述的。嘉熙元年（1237），辞归，时年66岁。

《圹志》又称：“公风神俊迈，眉目如刻画。半言片简，皆超然有尘外趣，而简静深厚，不求人知。”文字虽有溢美之嫌，但却饶有意味。超然尘世是邹应龙苦读功名之始，功成名就又从宦海中回归了当年的平静，只是由韶华青春变为垂老暮年，而家乡南谷的景色却依然如昨。

据邹氏家谱记载，邹应龙先祖是五代时的邹勇夫，被后人称为“开泰公”。邹应龙出身官宦世家，家境虽在其父辈衰落，还不至于因贫穷而入山攻读。南宋时，福建各地时兴学宫，倘不入公学，则有私塾，二者不择而去山间，看似寻常之举，实际上择地选学攻读是受学风丕变的影响，这可能与当时泰宁的学馆和私塾教学内容不合时务有关。官宦人家对时政的观察是很敏感的，当科举制度取士的标准以论策为主时，旧的经学要义已经不合时用了，因而，入山问学，其实是士子们必须选择的求新之路。

一个少年书生携带书箧辞家入山，崎岖坎坷的山路荆棘丛生，最终选择一处悬空岩穴栖身，孤独面对凄清生活环境，内心的寂寞和痛苦可想而知，而远大的抱负正是在寂寞痛苦煎熬中产生的。自然山水景观赋予了他想象的空间，由此山水中传出了读书声，山谷回响着吟哦之音，动情深处，连山川美景都显得有点悲壮，这种情境会陶冶心灵进入全新的境界。

但是，按常理推测，邹应龙不可能经年累月在山中苦度光阴。他在岩穴中孤灯把卷的时间或许在应试举人、进士之前的一段时光，一则避免尘世的烦扰，静心读书；二则在山中陶冶心性，迸发新的灵感。但毫无疑问，面对进士论策时心理上和语言表达方面，都藉以得到磨砺的机会。自此，特立独行的岩穴研读之风在泰宁沿袭下来，逐渐形成读书与环境结合的新学风。

山道弯弯，眼前出现一道峡谷，峡谷里古树婆娑间有成片的灌木丛，盈盈山溪径流谷内。谷中有一处险峻的山崖，当地人称“登云崖”。山崖上有古人凿挖出参差不齐的石磴路，凹陷的石磴深浅不一，由下曲折盘回于陡壁，一线石磴隐约其间，故名“斗米阶”。山路布满青苔，看来很久没有人由此登高了。

这是一条通往岩穴的捷径，直到今天，很少有人从这条险峻的石磴路前往岩穴，攀登斗米阶的山路与争得一个状元的仕途之路同样地艰难，只不过一条是自然界中的山路，一条是世间仕途之路，当两条路并在一起行走，所付出的艰辛是不言而喻的。像邹应龙那样一个官宦人家的子弟，居然像樵夫一样走了常人所不敢走的路，其勇气可嘉。

倾心于自然山水之美的不乏其人，而倾慕状元岩则带有进取功名的向往，凡带有精神的山水除悦人耳目外，尚能激励人的上进之心，此种山水寓涵的深层意义非同寻常，却也是泰宁山水的一个特点。

谷内辟有一条曲径，蜿蜒环绕崖壁之间，途中穿过原始林带，山路渐渐变得陡峻。翻越一条山脊，眼前开阔的山地间，有一条连绵纵贯的山岭，形如裸露“足背”。足背间有五座山峰如五趾依序排列，以堪舆家的说法，形如五趾的山峰是佛的祥瑞之像，而邹应龙读书的岩穴位置正处于其下崖壁之间。

有一条山径通往岩穴，岩穴外形似一弯新月，岩穴长约50米，高约3米，进深7米，洞内岩壁上凿刻膀书“状元岩”，洞穴内有后人为邹应龙雕塑的胸像一座，除此而外，空荡荡的岩穴内留给后人的是无形的状元魂。

人世间一别万里，是空间的移动，一别千年，是时间的流逝。然而，这一方八百年前遗留下的岩穴，萦系着后人的缅怀之情，并引得远近的学子们络绎不绝地来到此地——不为别的，只为状元邹应龙孜孜不倦的求学精神。

◇ 昼锦门

昼锦门

Zhoujinmen

状元衣锦还乡是泰宁的一件大事，
后人修建昼锦门出于对状元的尊敬，
同时也为此感到自豪，
它的意义还在于，
泰宁由一座默默无闻的县城
从此步入文化名城的阶梯。

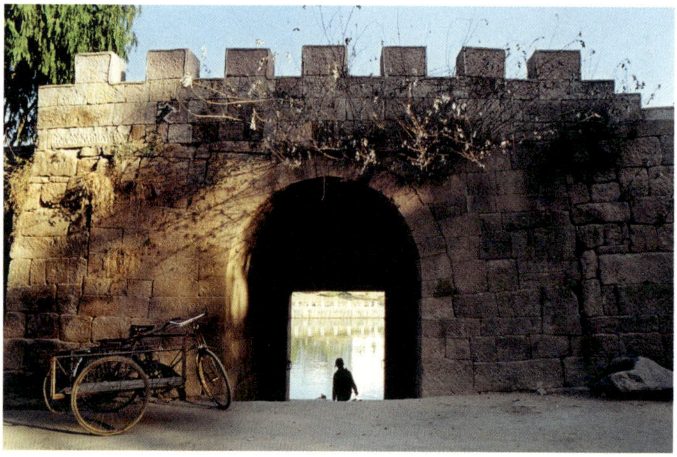

◇昼锦门

泰宁县城内至今保留一段明代残留的城垣，城垣中有一座昼锦门，这座城门是有典故的。据《史记·项羽本纪》所记：“项王见秦宫室皆以烧残破，又心怀思欲东归，曰：‘富贵不归故乡，如衣绣夜行，谁知之者。’”原文的意思是指项羽率军攻入咸阳，有人劝他立足关中称霸，而项羽则自欲为王东归故乡，后人据“衣绣夜行”引申为“衣锦还乡”，这或许就是昼锦门的含义。

昼锦门最初称作“来凤门”，面临杉溪，溪上原来有一座浮桥，也因之而改称“昼锦桥”。自明代以来，受洪水和人为的各种原因，所剩古城垣基本夷为废墟，惟有昼锦门这段城垣历劫而未被毁弃，留存到今天。据记载，泰宁的第一个状元是宋代的叶祖洽，家居杉溪一侧的叶家窠，相传，叶祖洽得中状元便是从杉溪桥上经过的。状元衣锦还乡是泰宁的一件大事，后人修建昼锦门出于对状元的尊敬，同时也为此感到自豪，它的意义还在于，泰宁由一座默默无闻的县城从此步入文化名城的阶梯。

叶祖洽（1046—1117），原名叶衢，字亨甫，后改名祖洽，字敦礼。父亲叶恪，生平事迹不详。兄弟三人，二弟叶祖仁曾任吉州（今江西吉安）参

◇昼锦门墙垣上依然可见当年镌刻的文字

军，三弟叶祖文曾任福建将乐等地知县，其家境不好妄言估测，但总不会是出身于贫寒家庭。

据《叶氏族谱》所记，叶祖洽幼年天资聪慧，18岁中举，熙宁二年（1069）游学汴京，熙宁三年（1070）策试进士。据《宋史·叶祖洽传》记载："叶祖洽字敦礼，邵武人。熙宁初，策试进士，祖洽所对，专投合用事者，考官宋敏求、苏轼欲黜之，吕惠卿擢为第一。"这段文字说叶祖洽策论迎合主政者吕惠卿，取得进士第一名，但策论内容语焉不详。

清代吴乘权辑录的《纲鉴易知录》卷七十中所记较详："至是上御集英殿试进士，遂专用策，赐叶祖洽以下三百人及第出身。祖洽策言：'祖宗多因循苟简之政，陛下即位革而新之。'得擢第一。时值史馆苏轼谓：'祖洽诋祖宗以媚时宰而魁多士，何以正风化？'"如上所记，叶祖洽为状元就是宋神宗赵顼钦点的。苏轼所说叶祖洽"媚时"，指的是王安石的"新学"，即变法革新，是政见上的分歧。但另一方面，还有一个渊源已久的任用"北人"与"南人"为士的潜在成见。

自东晋以后，遴选官员素有南北之分，由于之前执政者多为北方人，南方人常遭排斥。《南史·沈庆之传》：“武帝谓文季曰：‘南士无仆射，多历年所。’文季对曰：‘南风不竞，非复一日。’”由此可知，当时举荐人才，对“南人”还是有偏见的。直到北宋初期，太祖赵匡胤也表示不用“南人”为相，甚至让人将他的话刻石于政事堂上。宋代执政大臣也时常以手中权势排斥“南人”。据《江邻几杂志》所记，寇准为相时，“南人”萧贯当作状元，寇准向皇帝进言：“南方下国，不宜冠多士。”以“北人”蔡齐为状元，扬言“又与中原夺得一状元”。南渡之后，朝廷在用人上仍存在南北纠葛，甚至于相互攻讦。

事实上，宋代已不存在南北地域的文化差异，据《宋史·地理志》记载，“福建路，盖古闽越之地……然多乡学，喜讲诵，好为文辞，登科第者尤多”，南方的文化和学术思想已经渐渐地处于领先的地位。

这一沿袭既久的风气，在宋神宗赵顼即位后有所改变。据《宋史·王安石传》记载：“王安石（1021—1086），字介甫，抚州临川人”，即所谓的“南人”。宋神宗熙宁二年二月，以王安石为参知政事，用“南人”为相，受到旧臣的非议，更何况王安石上言“变风俗，立法度，最方今之所急也”，动摇了历代因循的旧体制。尤其是在其执政期间“农田水利、青苗、均输、保甲、免役、市易、保马、方田诸役相继并兴，号为新法，遣提举官四十余辈，颁行天下”，无疑直接触犯了官僚地主阶级的切身利益。

在当时，以司马光为首的一班旧臣引经据典，坚持既有的“祖宗之制”，反对变法革新。对此，王安石则以“天变不足畏，祖宗不足法，人言不足恤”，予以反讥。王安石在当时身居要职，摒除偏见，为“南人”开辟仕途，而叶祖洽就是王安石“遣提举官四十余辈”中的一人。然而，叶祖洽虽然是钦定的状元，但仍难于幸免“北人”的排斥，当然，主要是政见的不合，即所谓革新派与守旧派之间的矛盾。

对于新法颁行过程中的用人方式和具体情节，宋以后褒贬不一。据宋人魏泰《东轩笔录》记载："王荆公秉政，更新天下之务，而宿望旧人议论不协，荆公遂选用新进，待以不次，故一时政事不日皆举，而两禁台阁内外要权莫匪新进之士也。"由于施行新法得不到朝廷中旧臣的协助，甚至旧臣结党阻挠，王安石提拔任用了一批"新进勇锐"担任要职，"一时政事不日皆举"，看来效果十分明显。魏泰作为同一时代的亲历者，所给予的评价是公允的。

在推行新法的官员中，叶祖洽是一位个性化的人物，《宋史·叶祖洽传》中称"祖洽性狠愎，喜谀附"。所谓的"性狠愎"主要指当时新党、旧党之间矛盾激化，叶祖洽言论和行为咄咄逼人，尤其对那些反对新法的旧臣耿耿于怀，多次谏言为支持新法而受诬陷的官员翻案，追究那些因阻挠新法反而获得行赏的官员。这些言行似乎有悖于"既往不咎"的传统伦理，以至于连最初支持新法的宋神宗赵顼也表示不以为然。虽然叶祖洽对当时的时务很清楚，但却不谙于处世之道，得罪了不少朝中的旧臣，而他不忘前嫌的执拗终于引来了旧党的报复。宋哲宗元祐年间，司马光主政，新法受阻，给事中赵君锡以叶祖洽殿试论策中文字系属谤讪祖宗法纪，理应受到处罚，幸亏当时有苏轼、刘攽为叶祖洽缓颊，认为他所说的"谓祖宗纪纲法度，因循苟简，愿朝廷与大臣合谋而新之"，"是议论乖谬，若谓之讪则不可"，因此未定罪下狱，但其后仍被贬黜淮西。

曾布是王安石新法中的一个重要人物，宋哲宗赵煦绍圣年间，曾布任枢密院主官。有关叶祖洽与曾布的关系，《宋史·叶祖洽传》中有如下记述："祖洽与曾布厚，人目为'小训狐'。布用事，欲以吏部侍郎召，韩忠彦不

◇梁光葵先生正在书写「天地国亲师」

可，白为宝文阁待制、知青州。未赴，布竟引为吏部。”

“小训狐”即猫头鹰，无非是说叶祖洽昼伏夜出，行踪诡谲，由于和曾布政见相同，二人来往甚密，因此被旧党讥为“喜谀附”。《宋史》的作者显然是以宋代守旧派的观点编写叶祖洽传略，给这位当时的革旧鼎新人物蒙上了一层尘垢。

叶祖洽自熙宁三年（1070）策试进士，于宋哲宗元祐初年“历职方、兵部员外郎……礼部郎中……绍圣中，入为左司郎中、起居郎、中书舍人、给事中”，宦海多年，擢升至吏部侍郎，最高官阶为正四品。

宋徽宗赵佶即位后，叶祖洽不忘前事，为受贬罚的新派人物仗义执言，并谏言对守旧派人物予以追究罪责，“徽宗怒其躁妄”，受到降职处分。过了很久，才任命叶祖洽为洪州、亳州地方官。据相关资料记载，叶祖洽因年老多病，投靠时任真州通判的儿子颐养晚年，遂客死他乡。

检讨叶祖洽一生，他做了两件大事：其一，他参与了中国封建社会历史中的一次重大革新活动；其二，为故乡泰宁作出了“诏改县名”的贡献。其实，他所写的《诏改泰宁县记》一文，内容丰赡，文采洋溢，可谓具有文献价值的叙事散文。

文中记述当时的泰宁是七闽中的一座大县城，民户已达三万，每年所纳赋税有“万缗”之多。泰宁以一处地域偏僻的县城，能够与文化繁荣的地区并驾齐驱，一前一后地竞争，毫不逊色，何等地壮观！

其他地区接近于京城，文化风物繁盛，耳濡目染会于心，文士虽多，并不奇怪。但就泰宁这样偏远的地方，若不是禀赋美好的气质和独特的操行，能够像如今这样与其他地区相媲美吗？

文中说，今日的泰宁县城墙院屋内，弦诵之声相互都能听得到，这里有名望的文人被举荐给天子，并封爵位列朝廷，相继不绝，而县城的名称仍然为五代时不雅的旧名“归化”，实在有愧这个地方……

文中说，元丰八年（1085），叶祖洽将自己意欲改县名的心愿告知前往福建的右司郎中张汝贤，由张汝贤上呈宋神宗将“归化”改为“泰宁”。

叶祖洽或许是那个时代的“先知先觉”人物，他是王安石新法运动中脱颖而出的革新者。叶祖洽的一生，于国家，维护新政；于故乡，争得了“泰宁”名分。虽然在当时及之后被列为颇有争议的人，但在泰宁，叶祖洽却受到父老乡亲的尊敬，这也是后人为其修建昼锦门的原因。

叶祖洽衣锦还乡从泰宁的杉溪桥上走过，又从杉溪桥走出泰宁，在漫长的宦海生涯中，他像一只纸鸢凭风上下起伏，他是泰宁历史上惟一不得终老圆梦故乡的官吏。泰宁人需要一座昼锦门纪念叶祖洽，泰宁人的心中也需要有叶祖洽这样的一通碑！

尚書第

尚书第

Shangshudi

尚书第的建筑形制具有徽派建筑的基本风格，
但其外形的构架借鉴了京城官署的仪表，
与徽派建筑相糅合，
既有京派的气度，
又有徽派的简洁婉约，
颇具匠心地创新了徽派建筑；
其气势恢弘之景象，
远远超出一般徽派的外部建筑体形，
这是当时闽西北其他建筑望尘莫及的。

对大多数的城市而言，人们寻求自然美的目光最终都定格在公园里或者是人工铺设的草坪上。像泰宁这样倚枕青山，古木环护，又有碧水三面汇流的古城，似乎寻常间已很难见到。但这还不是泰宁景观的全部，透过翠绿的枝叶会蓦然间发现，一座历史上的名城依然散发出最初的人文风韵。如果说建筑是凝固的历史，那么，泰宁建筑留下的不仅仅是历史，还有她自身独具的魅力。

明代，泰宁城区已基本形成完整的建筑格局，城区内各种功能性的建筑业已完善，诸如以街巷划分的官署区、商业区、学宫区、生活居住区、宗教及祠堂等区块，足见已构成城市功能性建筑群。随着时间的迁移，宋代以前的城区建筑或废弃、或改建，逐渐融入明代建筑群。其建筑形体主要以徽派建筑风格为代表，但是建筑的属性多具有地域性和历史延续性，这两种属性都或多或少在明代泰宁建筑物中得到表现，即两宋时期——主要是南宋时期为“里”，明代建筑物为“表”，而上溯至更早时期的汉唐开拓性建筑物，则可以喻为泰宁古建筑的“骨”。所以，泰宁古城被人们称为“汉唐古镇”、“两宋名城”是有其道理的。

宋代和明代两个历史阶段，是泰宁政治、经济、文化趋于繁荣的时期，建筑作为物质和非物质多元一体的时代性创造，让泰宁古城展现出独具的光彩。从历史的眼光来看，泰宁城中的建筑空间逐渐减少，尤其在明代末期，城市建筑格局已臻于定型，新的建筑物必然会受到空间位置的限制，以及地域性的特质及传统文化的影响，而建筑构思首先要解决影响新建筑物建造面对的许多问题。明末新建筑尚书第就是在这一背景下破土动工建造的地标性的建筑物。

尚书第又称“五福堂”。“五福”取义于《尚书·洪范》：“一曰寿，

◇俯瞰尚书第

二曰富，三曰康宁，四曰攸好德，五曰考终命。”古人以120岁称寿；财产丰备为富；无疾病谓康宁；所好者谓德，也就是“福”所遵循的规范；“考终命”的意思是，人生命固有短长，寿命任其自然，不以横祸而终。

历代文人对“五福”有不同的义解，宋代欧阳修诗中有“事国一心勤以瘁，还家五福寿尔康。” 欧阳修诗文中的诗情意境与李春烨天启六年的心境是相通的，既然李春烨借以自喻，五福堂应该是李春烨所取的宅名，因此，无论如何不能将五福堂认作民间的俗称。

尚书第坐落于泰宁城区中心地带，明代时城中街道井然，可能影响到坐北朝南的建筑朝向，为避免邻里纠葛，尚书第建筑选择西东朝向。尚书第占地面积近5000平方米，建筑面积4500余平方米。主体建筑五幢，北南向一字排列，每幢三进，之间设防火墙相隔，有廊门可以相通；每进之间各留有一处天井，五幢之间各自独立，且又相互联系，整体呈长方形组合建筑群。

尚书第以五幢主体建筑及甬道、仪仗厅、辅房、马房、后花园六个部分组合而成，整体布局合理，每部分建筑以其实用功能布局，既满足了建筑群实用功能的需要，也兼顾了建筑群内部相互间的关联性。

◇尚书第主体建筑

尚书第南北两端各设大门一座，按照民间的习俗南大门应该为正门，但从两座大门的形制看，北大门的规格显然高于南大门。从尚书第五幢主体建筑物的排列关系，首幢建筑列在北门以内，根据尚书第建筑施工的程序及建筑衔接的关系，北大门应该是尚书第的正门。此外，后花园区设在府第的西南角，按照古建筑群景观点缀及休闲场所设计通例，与主体五幢间呈主辅关系，从整体设计布局考虑，最初的起样就应该是如此的。

北大门之所以为正门，体现在门户张开后是一区特意设置的仪仗厅。仪仗厅系三间硬山式木构建筑，厅堂简洁大气，可见在设计时主要考虑其功能作用。从布局外延的关系上考虑，泰宁的地理位置处于南方，其北面朝向为京城，仪仗厅是接待京官奉旨颁示诰命、敕命的场地，故尚书第北门有“面朝天阙”的寓意。

从李春烨官宦生涯来看，他最初或因指斥官员不轨，或因上疏谏言魏忠贤党羽枉法滥刑，仕途屡遭浮沉。但在后期，李春烨事遂心愿、官运亨通，而他也始终以“忠心事国”自许。立尚书第北门为正门，表示其从一品大臣归乡后不忘皇恩；尤其是在天启末年，朝政败坏的时局下，更不敢懈怠这份诚意，而仪仗厅正是他的“忠心事国”在建筑物上的表现。

对此，泰宁博物馆馆长郑明金先生认为：“李春烨开始营建该府第时，很可能只考虑建一至三幢，四至五幢属后加建，这从第三幢的门墩痕迹可以看出，原南首大门是设在第三幢的。这说明，府第原正门应是北首的仪仗厅。至于加建四、五幢后，为什么又要加建这一大门（事实上也是正门）？我想这和李春烨后期家境有关。”

如郑明金先生所说，主体五幢建筑有可能按工程顺序分期建筑，但从整体建筑规划上，尚书第建筑群整体规划在先。从建筑设计、结构、材料等因素分析，尚书第的建筑是统筹进行安排的，只存在工序上的次第衔接，尚不至于有先后之分。且由于尚书第始建时间在天启六年，似乎不存在财力问题。郑先生对尚书第建筑观察是很细微的，所发现第三幢的门墩及提出的尚书第最初只有三幢主建筑的看法，或许在提示有其他可能，即李春烨为官行事谨慎，主体五幢建筑似乎显得张扬而有所收敛；此外，也有另一种可能，因占地面积甚大，引起相邻民居拆迁争讼而有所变更。但无论如何，尚书第还是以原初的构想奠基并最终竣工。

至于尚书第的南大门，按照建筑工程的布局，则稍逊于北大门。蹊跷的是，相传尚书第建成至今，南大门上端镌刻的“尚书第”三个字始终存在。因此，也有人认为南大门是尚书第的正门。但观瞻尚书第建筑整体布局及南大门的建筑规格，并不像是府第的正门。倘若依照古代泰宁传统建筑的方式，正门应设立在南端，但与北大门具有浓厚的政治思想因素相比，沿袭的传统正门设置，只得退而求其次了。可见，尚书第正门的设置是经过深思熟虑的。历经三百八十余年，南大门上的“尚书第” 三个字清晰如故，可以想见，当初这三个字实出于刻意而为，也确有炫耀的成分。

尚书第五幢主体建筑的门楼前为一条北南走向的甬道，条石铺砌的甬道平坦端直，通贯尚书第的甬道犹如一条连接南北门的长廊，五幢门楼与之相连，一则拉近了空间距离，节约了空间面积，二则便捷活动行为，结构紧凑，而又不显得局促。尚书第第二幢是宅第的中心建筑，门楼两侧的甬道上，各设置一座类似景门的建筑，达到了以景门分隔和联系空间，增添空间层次，起到了框景、引景的效果。景门檐下嵌有石质匾额，其北面匾额两面分书“义路”、“礼门”；南面匾额分书“曳履星辰”、“依光日月”。这种题字点景的手法，并不仅仅为满足建筑景观需要，它还表现

◇通贯尚书第主体建筑的甬道

◇ 尚书第后花园

出主人的用意和情趣。

尚书第中的主人若从南大门迤逦向北行走，目光所及处为“依光日月”，所谓日月之光，自然是用来比喻皇帝的恩泽，另一面“曳履星辰”，则表示臣属足踏星光循矩而行。“礼门”出自《论语·颜渊》：“非礼勿视、非礼勿听、非礼勿言、非礼勿动。”另一面“义路”出自《孟子·离娄》：“仁之实，事亲是也；义之实，从兄是也。”稍加留意，就会发现朝向北门所见为“依光日月”、“礼门”两匾文，有仰视、恭敬的意味，李春烨处事谨慎，一至于此。

尚书第中匾额甚多，如大司马、柱国少保、四世一品、都谏等，以上匾额或为职官，或为荣衔。其中“孝恬”为木质匾额，其上有“玉音”二字，系熹宗在位时，李春烨还乡为其母亲祝寿，熹宗口谕，由大学士张瑞图所书。这些匾额与其说是炫耀，不如说是维系李春烨家族荣衰的护身符，深层的义涵不言而明。

从现今泰宁城区遗留下的明代古建筑观察，其建筑风格以徽派建筑为基调，这主要是因为当时有较多的徽派工匠涌入泰宁。

徽派建筑讲究因地形与巷街的方向设计建筑物，建筑构造灵活，善于在面积条件受限下依势构建形状不一的建筑物，很适宜泰宁井巷交织的复杂空间。在平面上，基本形式多为方形或矩形；外观则多以水平形方墙予以封闭，屋顶多采用硬山式，山墙一般高出屋顶面，逐次形成阶梯式；大门上有门罩及门楼。其结构为砖墙、木质梁、方砖铺地、内设天井，并以木雕、砖雕、石雕制作建筑装饰。上述徽派建筑的模式，在泰宁明代古建筑上都可以见到明显的特征。

建筑于明末的尚书第是当时泰宁城中规模最大的徽派建筑，这在明代的

◇尚书第中的砖雕

徽派建筑物中也是极少见到的。就建筑物的本质而言，它主要是满足人对建筑功能的需求，这一先决条件与李春烨的身份密切关联。

据《明史·舆服志》记载：百官第宅，“一品、二品，厅堂五间，九架，屋脊用瓦兽，梁、栋、斗拱、檐角青碧绘饰。门三间，五架，绿油，兽面锡环”。当建筑与社会政治制度结合时，它体现的是尊卑贵贱及阶层等级的区分。从表面上看，明代百官第宅条例似乎限制了官员的第宅建筑，但实质上是授予了这些官员——尤其是像李春烨这样的一品大员，享有超出一般官员和社会下层的建筑特权。同书记载：“庶民庐舍，洪武二十六年定制，不过三间，五架，不许用斗拱，饰彩色。”二者间的悬殊是很明显的。

尚书第的主人李春烨是很能参悟皇家条例规定的，他所营造的尚书第须在官阶和建筑上谋求结合点，同时，也要凸显尚书第与泰宁民居甚至与官署建筑的差异。尚书第的建筑形制具有徽派建筑的基本风格，但其外形的构架借鉴了京城官署的仪表，与徽派建筑相糅合，既有京派的气度，又有徽派的简洁婉约，颇具匠心地创新了徽派建筑；其气势恢弘之景象，远远超出一般徽派的外部建筑体形，这是当时闽西北其他建筑望尘莫及的。

◇尚书第甬道景门檐下嵌贴的匾额

尚书第宅内的主属建筑又是另一番景象：仪仗厅、甬道及附属建筑，因具有特殊的功能与外部建筑形态相迎合。其主体五幢建筑群则基本为一式的徽派建筑，尤其是第二幢建筑的门楼以石质廊式雕花装饰，在不同材料的制件上雕刻飞禽及花卉图案，局部上尤重视徽派建筑细腻、传神的雕刻工艺。图案富于变化，线面结合流畅，构图不脱离具体形象，充分表现出徽派形象思维的工艺特色。

精心设计的尚书第融合了南北的建筑工艺，开启了泰宁古城明代“士族”阶层的时尚建筑风格；由于尚书第的主人追求建筑内容与思想性的合一，建筑本身成为政治因素与地域性徽派建筑的结合产物，可谓“中规中矩”，仅就建筑学而论，尚书第真是一座复杂的建筑！在建筑史上，以尚书第为地标的泰宁古城已成为人类建筑文化遗产，它对城市建筑的发展具有一定的借鉴意义，并影响了后来城市建筑的布局和风格。

在泰宁以及闽西北地区，尚书第建筑的意义还在于它继承了明代徽派建筑的趋向；以地域性的特质在徽派建筑风格上有所突破；率先在闽西北地区将建筑物与城市布局融为一体，因之，从建筑学的角度理解尚书第，竟是一座非典型徽派建筑风格！

尚书第，这座赋予时代建筑思想、文化色彩的建筑，寻根究底，与其主人的身世背景是息息相关的，而尚书第的主人李春烨无论在当时还是后来都是颇具争议的人物。

李春烨（1571—1637）字俟质，号二白。李春烨的祖籍，一说江南无锡，一说河南固始，今据李春烨为其伯父所撰墓志铭中称“余之先，河南固始人”，大致是不误的。

有关李春烨出仕的经历，据李春烨《墓志铭》记载：万历十六年（1588）中秀才；万历三十四年（1606）乡试，中举人；后三次赴京应试未及第，万历四十四年（1616）中进士，时年46岁。据李春烨所撰《钱公报功生祠记》，其在“万历己未（1619），赐进士第，行人司行人”。熹宗元年（1621），熹宗登基后选为工科给事中，天启二年（1622），升户科右给事中，天启三年（1623），吏科左给事中，天启四年（1624）刑科都给事中，天启六年（1626）兵部右侍郎。

其佐证见于《孝恬堂李氏族谱》中诰命、敕命：

泰昌元年十一月二十九日，敕命工科给事中李春烨；

天启三年十二月，敕命刑科给事中李春烨；

天启六年十一月二十一日，诰命兵部右侍郎李春烨；

天启六年，敕命谕兵部尚书李春烨；

天启六年十一月二十一日，敕命协理京营戎政太子太保兵部尚书李春烨。

明末，思宗朱由检（崇祯）即位之后，似乎有重整朝纲的意思，将魏忠贤发配安徽凤阳，不久，魏忠贤畏罪自缢身亡，崇祯皇帝遂着手钦定逆案。据《先拨志始》所记，最初，“阁部仅以四五十人列案以请，上怒其不称，谕以谀颂、赞道、速化为题”，口谕：逆党难道就是魏忠贤一个人吗？如果不是宫廷外的朝臣阿谀奉承，如何到今天的地步！于是，重新启用大臣，指示说：这些都是媚珰的朝臣书写的颂疏，统统入案追查。其间，对书写颂疏的一些官员，御史、刑部因无实据可查而未列入逆珰，崇祯皇帝对此甚为不满，撤换查案官员，追究与逆党有过从往来的人员，以至于在其后因逆案受牵连的朝臣不在少数。崇祯二年三月，拟诏书颁示天下。据《明史·阉党传》记载，所列案名有七等：

首逆凌迟者二人；

首逆同谋决不待时者六人；

交结近侍秋后处决者十九人；

交结近侍次等充军者十一人；

交结近侍又次等论徒三年输赎为民者一百二十九人；

交结近侍减等革职闲住者四十四人；

忠贤亲属及内官党附者五十余人。

但据《先拨志始》记载，所列案名有八等：“首逆；首逆同谋；交结近侍；交结近侍次等；逆孽军犯；交结近侍又次等（以上依交结近侍官员律，引名例律，减二等，坐徒三年，纳赎为民）；谄附拥戴；附逆案漏网。”

《明史·阉党传》记载，崇祯皇帝将阉党案拟定“赞导、拥戴、颂美、

谄附”名目予以论罪，后分置七等罪名，所开列的“交结近侍又次等论徒三年输赎为民者”中，并未列举李春烨具体罪名，倒是《先拨志始》一书中，在李春烨名下列出以下罪名：“李春煜，（《先拨志始》误将‘烨’写作‘煜’）颂美。例转给事，躐升尚书，辞恩本有‘皇极鼎建，内则厂臣、监臣竭力抒忠，外则阁臣、工臣宣力分猷’等语。又先为移宫事疏救罪珰，为终始通内之证”。

李春烨罪行之一是颂美。但从时间上看，李春烨所上呈的奏章是在熹宗在位时，当时阉党正把持朝政，对一个预感到潜伏危机如影随身的朝中要员而言，虽然不情愿颂美，但总不希望因疏远阉党而招致宵小之徒的加害，更何况李春烨在天启四年（1624）曾上疏弹劾魏忠贤党羽滥施“杖刑”而受谴责，敷衍“颂美”之事，对一个久经阅历的大臣确实有难言之隐，以颂美定罪似不合于事实、情理。

◇尚书第陈列的木家具（局部）

移宫案的缘起，据《明史·后妃列传》记载：泰昌元年（1620），光宗朱常洛病中，当时，熹宗朱由校也侍立在侧，光宗“命封李选侍为皇贵妃”，而李选侍意欲封其为皇后，光宗没有允诺。只做了一个月皇帝的光宗朱常洛，于当年九月驾崩，李选侍仍然居住在乾清宫，这让朝中的大臣担忧不已，怀疑李选侍意图垂帘听政。按照明代宫中的惯例，李选侍应该迁出乾清宫，于是，力主移宫的外廷大臣与宫中的阉党各执一词，纷争不已，之后，李选侍移居仁寿殿。

移宫风波，于熹宗朱由校登基后渐趋平静，但阉党与被称为“清流”的朝臣壁垒分明，直到思宗朱由检继其兄登基，终于将“梃击、红丸、移宫”分三案并立，并对以魏忠贤、客氏为首的阉党采取了惩治。而在这场旨在大规模肃清阉党的过程中，所牵连的朝臣众多，其中，也波及并没有交结阉党的朝臣。据《先拨志始》所记，最初在阉党名录中连抵御后金（清）入侵的

◇尚书第陈列的木家具（局部）

袁崇焕也被列入阉党之中，以至于在后来，凡是主张、认可李选侍居住乾清宫者都被列为阉党。

有关李春烨以“又先为移宫事疏救罪珰”获罪，可能是指李春烨为那些在移宫案中受牵连者上本疏救，李春烨不曾想到这成为获罪的第二款罪例。问题是以李春烨处世的态度及官场上的历练能力，似乎不太可能卷入“移宫”的纷争之中。其后来托辞老迈上疏乞归，不再参与无序的是非纠葛，才是他惟一的祈望。

明代的厂卫弊端到光宗时已十分明显，自魏忠贤以下的大小太监，由宫中而至外廷骄横跋扈，恣意编织罪名加害朝臣。崇祯皇帝朱由检登基后，一时阉党溃败，但不久，崇祯在宫中又开始培植宦官亲信，从本质上而言，这帮太监其性质和作用同魏忠贤时的阉党一般无二，明末的三个皇帝始终是与宦官宵小之徒相伴的。

有关尚书第建造的时间，与李春烨仕途及财力是密切关联的，而斥资建造一座规模浩大的尚书第，仅依靠朝廷的俸禄是不太可能的。李春烨最初以进士入行人司，据《明史·职官志》记载：“行人司，司正一人（正七品），左右司副各一人（从七品），行人三十七人（正八品）。职专捧节、奉使之事。”行人按官阶月俸禄极少。天启六年，李春烨累次擢升，官至兵部尚书。据《明史·职官志》记载，兵部尚书为正二品，“尚书掌天下武卫官军选授、简练之政令”；兵部右侍郎为正三品；协理京营戎政为兵部尚书兼职；柱国勋衔，从一品；太子太保，从一品。

明代官员俸禄之薄，在封建社会历史上是极少见的。《明史·食货志》记载，明洪武二十五年（1392）更定百官俸禄，正一品官月俸米八十七石，从一品递减十三石，即月俸七十四石，二品以下仿此依次递减，之后，文武官月俸则以米、钞兼支。自明成祖朱棣之后，历代俸禄都有所减损，到了明宪宗成化七年（1471），米一石仅值十四五钱，从一品每月的俸饷折合钱大约七十余文，其下官员依次递减，以至于众多的官员靠俸禄不足费用支出，而各级官员贪污受贿之风日甚一日。因此，在天启六年之前，李春烨虽历任六科中工科、刑科等给事中，其官阶不过七品，生活虽不至于拮据，但也不会有更多的余赀，更不会想到预先拟定一座工程浩大的尚书第。

关于尚书第建造的年代和过程，还须论及李春烨的家世与仕途。据《墓志铭》记载，自李春烨得中秀才之后，其父便辞家浪迹江湖，李春烨与其母形影相吊，直到其中进士之前，家境并不宽裕。直观尚书第所处的位置，或有可能李春烨的祖屋即在崇仁三井之一的大巷头井一侧，从尚书第与大巷头井相近的距离观察，大概是在其后扩充祖屋宅基地修建的尚书第。如此，崇仁三井便形如品字形将尚书第围护，从堪舆学而论，品字形井地恰是一块风水宝地。

一般认为尚书第建于明万历末年至天启年间。据乾隆《泰宁县志》所记，万历四十五年，李春烨出使福建路经泰宁，参与修筑北堤事宜，此时，李春烨仅为八品行人，其职务主要是奉使出外，传宣诏命，积蓄无多，修建尚书第的可能不大。熹宗元年（1620），熹宗登基后李春烨选为工科给事中。在明代，六部分为六科，是一个特设的机构，工科给事中为七品，其职责是稽察各官署之事，并可以向皇帝进谏言。由于职务的关系，李春烨接触到营建工程等事宜，在之后，又曾参与修建光宗朱常洛的“庆陵”工程。不久，熹宗朱由校举行大婚，赐金遣派出使福建，并允许他回泰宁省亲。有了营造建筑工程的经历，又得到了赏赐的金钱，此次回泰宁省亲应该是尚书第修建的缘起。

在此后七年之间，李春烨不断升迁，而每次升迁照例都受到赏赐，其中于1626年，由右司马晋升左司马、大司马、协理京营戎政。又“以宁远大捷”，李春烨得到熹宗的厚赏，修建一座尚书第，在财力上应当是很充裕的。据此推测，尚书第修建的时间不可能长达十年之久，况且，尚书第修建的规格及规模，均是以一品大员的官阶营建，且甬道、厅堂、厢房等的构建和布局具有整体性，门楣上端预留的位置与嵌贴的匾额极为相配，这都是筹建时预先设计好的。李春烨仕途腾达在天启六年，一年内数次加官晋爵，据此，建造尚书第始建于天启六年（1626），历时约两年竣工，其后续补建工程绝不会晚于崇祯二年。

有关李春烨获罪处罚后退隐泰宁的时间，据沈犹龙为李春烨撰写的《墓志铭》记述，熹宗天启七年（1627），李春烨的母亲年届九十，李春烨上疏熹宗，请准予休假回泰宁为母亲贺寿，按例，休假期满返京。同年八月，熹宗朱由校驾崩。思宗崇祯二年（1629）颁示阉党案，因受阉党案牵累，受到“又次等论徒三年输赎为民”处置，李春烨当时应该在京城。另据《墓志铭》所记，思宗崇祯四年（1631），李春烨母亲去世，因悲痛“哀毁骨立”，从时间上推算，可能由于缴纳赎金已满“坐徒三年”的期限。据此，李春烨最终归养泰宁的时间应在崇祯三年（1630）。

尚书第被历史保留了下来，历史偏爱为尚书第付出智慧和辛勤的工匠们，让尚书第向泰宁人讲述往昔的故事……

◇ 土地堂井

古井

Gujing

泰宁古城，
曾是历史上客家人仓惶南下的驿站，
一泓井水，
让异乡的客家人抚平了背井离乡的忧愁。
泰宁，让离散乡境的人找到了重新构建家园的憧憬，
于是，在三面溪水环流的垆峰山下，
开凿了一口口水井，弥久不枯。

泰宁古邑之初，由于相关文献资料略而不详无从稽考。唐代以前文字记录因时间久远，大多散佚，或所剩零星资料无几，在后来的县志也少有记载，尤其是关于泰宁城市雏形期的史料涉及很少。幸好，在泰宁城内至今还保留着不少古代开凿的水井，可以用来补充史料的不足。

古代人类以河湖之滨为聚居地，以狩猎、捕鱼、采集为生活来源，进入农耕时期，以种植为业，继之，逐渐形成较大的聚落定居地，而地下水的开发利用则催生了以地域性“邑”为特征的早期城市雏形。泰宁古城的雏形期，是以凿挖水井伊始的，符合早期闽西北地域性城市形成的特征，以古井溯源寻根可以推导出先凿水井、后成泰宁的城市历史发展过程。

古文献中对井的概念和定义多有所见，《周易·井》称“改邑不改井”，即邑名可随着时代变迁改换，而水井却不因邑名的改换而有所移动，说明水井在古人心目中之重要。又称“井养而不穷也”，疏：“物象之名也，古者穿地取水，以瓶引汲，谓之为井。”其意思是源源井水，可供人取之不尽。所谓“物象之名”的疏解，纯属因袭“八家供一井”的传说，不足征信，“以瓶引汲”倒是符合古人以陶瓶、陶罐于井中取水的事实。殷周时期，农业人口聚集在平原田畴，凿井以便利灌溉农田和生活，形成的井墟即井市的雏形。先秦时期因井设市，同里共用一口水井，所以乡里又称“井里”。

据野外考古资料显示，在泰宁境内古河道阶地曾发现新石器遗物，表明新石器时代即有人类活动的踪迹。至今，在较为偏僻的山村民居依然沿河而建，由于水源丰沛以及人居稀少分散的缘故，未见人工凿挖的水井。从地理环境位置来看，泰宁古城地处临水台地，地下水位高，为早期人类聚集地营造了良好的天然环境，故在汉代时期就有了烟墟人家，闽越王无诸行猎至此也并非传说。

泰宁城唐代以前的建筑没有保存下来，主要原因是有三条溪水穿城而过，遇到丰水年份，洪水决垣入城，房屋建筑受洪水冲击而坍塌。乾隆《泰宁县志》记载，泰宁城有不少唐代凿挖的古井，表明古城早期凿井史的下限至迟不晚于唐代末期。

城市的雏形，是以经济发展为前提的，唐末泰宁或许已具备了城市的雏形。五代十国时期，闽王王审知曾遣邹勇夫镇守归化（泰宁）。据叶祖洽《诏改泰宁县记》称，此时泰宁“户口日益富饶，至今为闽大邑，民户三万，所出赋万缗”。至宋代时，随着经济日趋繁荣，城区凿井日益增加，城市百业的区分已见端倪。以井市形成的较早城市格局，已为不同行业分成街巷，而此时的水井亦以城市分工聚居的职业居民予以命名，也即是不同于一般意义上的乡里市廛，只不过由于地处偏僻的闽西北，没有名气罢了。泰宁也就在不为世人知晓下，形成了一方山隅间的城镇。

到了明代，古城四周只剩下历代遗留下的残垣断壁和铺架在城中的渡桥，于是重新修筑城垣。按乾隆《泰宁县志》记载，泰宁城筑建于明嘉靖三十九年（1560），历时七个月，于嘉靖四十年五月竣工，所以，泰宁古城保留下的建筑物基本是明代修建的。

但从历史上泰宁古井的布局分析，其中有些水井在明代筑城时围隔于城垣之外，无疑是缩减了泰宁古城的区域范围。按常理，水井的位置与居民生活区关联甚密，所以，修筑城垣之前，唐宋时期的城区要比明代的城区大。根据泰宁古城所处三面环水地理位置，明代城区的城垣只能看作是因防御而筑造的护城垣，而在唐宋时期，尽管没有封闭性的城垣，但防范洪水泛滥，所筑的防洪堤应该是有的，否则，古城内的街巷就会受到洪水的威胁。乾隆县志中所谓“泰宁古未有城”，语意并不明确，大概在嘉靖三十九年前，泰宁所构筑的城垣并不完整、坚固，受到洪水冲击后而废弃。明嘉靖四十年竣工的城垣，至万历二十一年（1593），时隔仅32年，又因洪水暴发，三分之一城垣毁于一旦。由此可知，泰宁古城城垣屡遭水患由来已久，仅凭当时一句“泰宁古未有城”是不足为证的。事实上，历史上的泰宁古城有过数次较大的水患，而水患造成的破坏，也导致汉唐时期的遗迹悉数湮毁。

今据乾隆《泰宁县志》所记，泰宁遗留下的古井按年代简要分列有：

天王井，唐会昌时（841—846）凿

普劝寺井，唐天祐年间（904—907）凿

圣公井在城外，宋乾德年间（963—968）凿

保安井，宋天圣年间（1023—1032）凿

朱紫巷井，宋熙宁四年（1071）凿

县西井，宋绍兴四年（1134）凿

七星井，宋庆元年间（1195—1200）凿

崇仁三井，元至正元年（1341）凿

县东井，明洪武九年（1376）凿

济孤井，明弘治十七年（1504）凿

……

需要略作说明的是，唐代所凿水井较少，元代水井仅留下崇仁三井，而明代自弘治年间后，仍相继凿挖水井数口。从所列水井开凿的年代和数量看，宋代为泰宁水井骤增时期，由于相隔年代久远，之后被废弃的水井可能未统计在内，由此可以想见宋代泰宁的井市规模。另须提及的是，唐宋时期所凿的水井在明嘉靖四十年重修城垣时，除部分位于城区中心，其余则被隔离在城垣以外，实际上，泰宁明代的城区面积缩小了，但井市的布局更为集中。

泰宁水井冠名方式也颇有讲究，如：

县东井、县西井、壕上井，以地形、方位定名；

医学井、儒学井，以学科定名；

圣公井、天王井、土地堂井，以庙宇、祠堂定名；

卢家巷井、毛家井、余家巷井，以同姓族群定名；

兴贤井、崇仁井、昼锦井，以贤达人物定名；

济孤井、养济井，以公益善举定名；

杨柳巷井，以树木种属定名；

兴隆井，以商业街肆定名。

可以看出，泰宁城区古时街市的划分具有社会功能性的标志，这一民间风物现象表明其社会文明的程度。走在泰宁古巷中，给人的印象是“井然有序”。

◇崇仁三井

泰宁在今天被认为是典型明代建筑风格的古城，但实际在唐宋时期就已形成其城镇化的格局，明代只不过在此基础上“格式化”而已，所以，今天说泰宁是“唐宋名城”是不无道理的。

元明之际，又在城区原有水井的基础之上开凿水井，这其中，又有废弃时代较远的水井重新开凿的情形。至明末城中宅基不断增多，临街的店铺，逐渐替代了最初的井市，而以崇仁三井一带成为城中心繁华地区，毗邻崇仁三井之一大巷头井的尚书第，便成为当时地标性的建筑。城中各处的水井旁民居建筑，也都是沿水井形成街巷，共用井不仅引出一条街巷，街巷里的民居建筑也基本上呈整齐划一的格局，并形成了以职业区分街市的特点。

古代泰宁所凿建的古井，可分为公建、民间募捐、私人凿建三种类型，以私人凿建者居多。其中，崇仁三井系元代时期的泰宁人何恩所凿建。三口古井中，除了“大东门井”废弃，澄清街头井和大巷头井宛然如初。澄清街头井的井眉上镌刻的铭文，虽历经近七百年的历史，仍未泐损，赫然在目。

如果说，依井设巷街是泰宁人自然而然的习俗，而与水井连接的街市则又是一个特色。明代泰宁古城内的街市布局已基本定型，街市的功能主要是供居民日常生活用品所需，如兴隆街等几条商业街巷。类似漂染、制造等作坊并不在城区，城区的规划显然已考虑到居民生活的环境，至今遗留下来的古巷，街面清爽，巷道整饬，表明自古以来泰宁人是很注重生存环境的规划及人性化功能的。

泰宁古城中开凿的水井，具有其地方特色，由于地下水位高，井凿不深，而井水自涌，所以，城中的水井均不设辘轳用于汲水。所见其他古城于井边多设井阑，不乏雕镂装饰，以其美观供人赏析；而泰宁水井均以花岗岩制成朴素实用的井眉以护水井，一则便于汲水，二则避免雨水流入井中，井眉高出井口二尺有余，避免孩童不慎跌入井中。

巷口水井也影响巷中民宅建筑的方位。按堪舆之说，房宅一般坐北朝南。而因井成巷主要考虑的是相适应的居住环境，泰宁民居建筑的朝向往往根据井的位置来确定，故其方位无一定之规。杨柳巷亦因在树帷下凿井，为水井四周增添了一份纳凉的功能。

自唐宋以后，泰宁古城不断增建房舍，却从未有过填井建宅，以及将共用水井圈为自家宅院的现象。即使在今天，每处水井四周都尚留有一定的空间，在这片空间里，可以见到淘米洗菜的主妇以及在井围嬉戏的孩童；每至清晨，都会有嗜井水泡茶的老者，汲取井中的精华，以井水泡茶。古井水质中和，味甘淳厚，配以泰宁岩茶状元红，汤色橙红，茶波润泽，啜饮齿漱，余韵绵长。

古时民间习俗，凡外出他乡的泰宁人，临行前总要汲井水烹茶，意在不忘故乡井泉养育之恩，而赴京的士子则以瓶储水登程。也许，在泰宁人的心底，井水之恩胜于涌泉，井水中有泰宁人文化的底蕴。

泰宁古城，曾是历史上客家人仓惶南下的驿站，一泓井水，让异乡的客家人抚平了背井离乡的忧愁。泰宁，让离散乡境的人找到了重新构建家园的憧憬，于是，在三面溪水环流的垆峰山下，开凿了一口口水井，弥久不枯。临古井而兴叹：无论是今天的泰宁人，还是早年将泰宁作为驿站而又辗转他乡，甚至远涉大洋寻求圆梦之旅的游子，对他们来说，泰宁古井就是他们的根。

◇著名戏曲表演艺术家高起光先生

梅林戏

Meilinxi

梅林戏以宜黄腔为基础，
同时又汲取了徽剧及北曲梨园规制，
形成了比较完整的、
具有梅林戏特点的不同脚色组成的班子。
所不同的是，
梅林戏以本地伶人为主，
而无论何种脚色，
其唱白均以「土官话」为准。

梅林村是泰宁北部朱口镇的一处村落，出朱口镇向北行走是一片山地平川，梅林村就坐落在阡陌的中央。走行在田塍间，一声声原生态的山歌乐音，让人在清旷的田野里感受到融融入怀的乡土暖意。历史上这里曾是泰宁戏曲的摇篮，孕育出早期的戏曲雏形，它形成于斯，成长于斯，为此，人们为它取名“梅林戏”。

早期梅林村的人口组成主要有两部分，一部分为原著民，另一部分为南宋时期迁徙而来的中原人。中原移民先是迁徙至江西东部，在那里羁旅一段时光。据梅林村年长的艺人说，最早将弋阳腔带到梅林村就是南迁的一支族群。

有关弋阳腔的源流及其在戏剧史上的影响，汤显祖（1550—1616）在其《宜黄县戏神清源师庙记》一文中论戏曲的源流及区别说：“此道有南北：南则昆山之次为海盐，吴浙音也，其体局静好，以拍为之节；江以西弋阳，其节以鼓，其调喧。”

当时昆山腔采用吴中曲式，以当地方言入戏；海盐腔采用的是浙中曲式，同样以方言唱曲、道白；昆山腔与海盐腔形式总体上表现出雅静的格调，是由于其以拍板为节奏。弋阳腔以鼓为节奏，声调喧腾。弋阳腔与昆山腔、海盐腔的区别主要在于腔调的不同，其次，为地域性方言的不同，而节奏的效果也存在静与喧的差别。

但是到了明代嘉靖年间，海盐腔流传至江西形成宜黄腔，当时“食其技者殆千余人”，作为本土的弋阳腔在一定程度上受到了影响。造成这种情形的主要原因是官宦和文士喜好雅静的昆山、海盐腔，而嫌乡土弋阳腔过于喧闹，从而因南北伶人交汇产生戏曲史上的一次变革。

这次戏曲史上的变革与汤显祖有极大的关系，客观上戏曲是在交流、

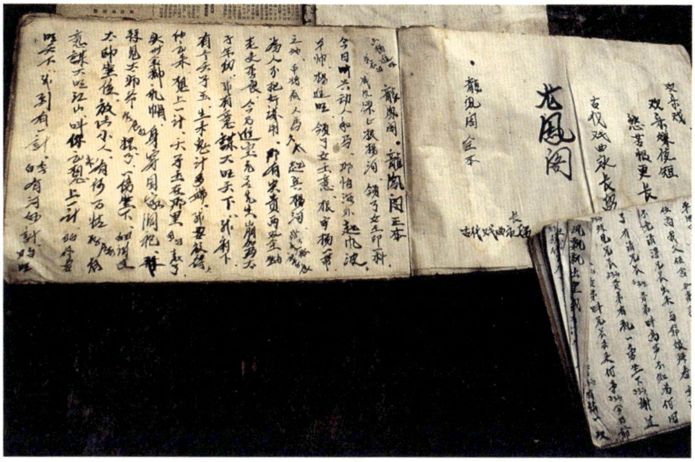

◇梅林戏艺人的手抄剧本

借鉴中发展的，主观上汤显祖意在改良弋阳腔“喧”的单一化表演方式，基于此，他对宜黄腔的形成是乐观其成的。公元1600年，汤显祖创作《南柯记》，于次年完成《邯郸记》，并称二梦。这两部剧作诞生后，汤显祖以“爱宜伶学二梦”表达他对家乡伶人唱宜黄腔的肯定。可见宜黄腔保留了弋阳腔的特点，而不是趋合吴侬软语。事实上，当时盛行于江西的是弋阳化的昆山、海盐腔，弋阳腔已由本土的声腔剧种演变成为泛义的地域性声腔系统。弋阳腔流行于江西东部一带，这一变化自然也影响到邻境的泰宁。因受昆山、海盐腔影响的程度相对较弱，所以，到明代末期，泰宁的乡土戏虽仍具有弋阳腔喧腾风格，但这一时期泰宁地方性的声腔形式也逐渐有所变化，可以理解为梅林戏定型的前兆。

由于弋阳腔经徽商通商之路流传到安徽南部，并与当地的声腔融合，形成了青阳腔、太平腔、四平腔等，而这些声腔又由安徽传至江西，对于相邻的泰宁乡土声腔颇有影响。戏曲艺术总是在相应的经济发展中不断延伸的，随着大量的徽派工匠流入泰宁，古城泰宁的建筑形式也以徽派风格为主，使得徽剧进入泰宁具有生存的社会基础。

◇扮相俊美的表演者

据《泰宁县志》记载，梅林戏的唱腔以皮黄、拨子、吹腔为主，尚有南词北调、弦索、徽州词、浙江调、四平调、青板、小调等；乐器分文乐（弦乐、管乐）、武乐（锣、鼓、板）。从中可见，梅林戏不但兼具了南北各地域剧种，也跨越了不同的历史时期，甚至连梅林戏最初的形态也都变得模糊了。

南宋之后，由中原迁徙至泰宁的客家人，不少是士族出身，他们具有较高的文化素养，同时也将中原的戏曲引入泰宁，“弦索”即由河南引入的弦索腔，俗称“河南调”。李调元《剧话》中称：弦索腔“音似弋腔，而尾声不用人和，以弦索和之，其声悠然以长”。似乎明清之际中原弦索腔已有器乐伴奏，但是直到明代末期，尚未有资料证实弦索被梅林戏所采用，可能当时仍旧沿袭以鼓为节奏的传统伴奏方式。

徽调传入泰宁后，丰富了原有的宜黄腔与本土声腔结合形式，这与梅林戏的定型不无关系，但它的前提是与泰宁民歌小调等相融后形成新的剧种。由于旧县志未曾记载与梅林戏相关的内容，导致后来人将梅林戏的形成设定在乾隆年间，这也无非是一种误传而已。

梅林戏是以引入、借鉴、发展而成的一个剧种，但如果佚失其源流主次关系，也就削弱了梅林戏的价值，这是收集、整理梅林戏历史资料格外需要注意的。最重要的在于：戏剧自身具有社会性，它产生、成长的过程必然与其相适应的社会环境密切关联，它既具有地域性，也具有时间的延续性。以地方剧种梅林戏为例，无论是引进或借鉴其他剧种，它的根是基于泰宁这片土地，因此，梅林戏的源头必须在泰宁民间中去寻找。

长期从事泰宁乡土音乐、戏曲创作与研究的魏钧先生在其文章中说：“往昔，打柴童子，捡茶仔的姑娘，都爱打山歌。山歌有锁歌与情歌两大类，另有抒怀的叙事歌及朝拜名山胜地的仙歌等。本县系客家语系，不但山歌旋律与闽西、闽北一带相近，某些字眼的发音也与客家话类似。”

据魏钧先生记述，锁歌系两人或者两组对答式的山歌，锁即是问，开即是答，锁歌问答的内容大多为自然景观或者是民间传说，锁歌中的问与答末尾都附加“呜——咪”长音。锁歌的旋律较为简易，节奏明朗，曲式接近口语化。山歌中内容表达最多的是情歌，其形式以男女对唱居多，旋律富于变化，优美流畅。叙事情歌是情歌形式的变体，旋律结构比较稳定，以男女对唱形式为主，叙事情歌思想内容丰富，词性具有连续性、完整性，接近于小歌剧的形式。

流行于泰宁民间的还有仙歌，通常在秋末后乡民结伴朝拜山川胜景，于途中咏唱。仙歌一般由伶人领唱，众人相和，曲式分为三段体，每段末和声曲词相同，节拍有多种变化。仙歌粗犷豪放，声震山川，在梅林戏净角演唱中时可听到与仙歌相同的声韵。

泰宁的地方小调山歌，是在徒歌基础上发展而成的，最初并无乐器伴奏，如锁歌，一人唱罢众人和的帮腔形式，以独唱与帮腔交替结合，发挥其声乐表现力。民间音乐以小调山歌为主，当然也有宗教仪式上颂唱的曲调。

据以往的调查、整理结果显示，保留至今的梅林戏传统剧目有130多部，在若干不同的剧目里，都可以寻检到山歌的印记，山歌是泰宁人耳熟能详的声腔，梅林戏能够长盛不衰，也正是因为具有浓郁的乡土声腔。

梅林戏的雏形产生于民间，由最初的“草台班”逐渐形成行当角色齐备的班底，与相同时代的其他剧种相比毫不逊色。清代李斗所著的《扬州画舫录》成书于乾隆末年，当时扬州戏班分为雅部、花部，梨园仍以元代院本旧制分列脚色。书中所记：“梨园以副末开场，为领班；副末以下老生、正生、老外、大面、二面、三面七人，谓之男脚色；老旦、正旦、小旦、贴旦四人，谓之女脚色；打诨一人，谓之杂。此江湖十二脚色。”梨园中既有本地伶人，也有北方京腔班伶人等。

据《泰宁县志》记载：梅林戏生有老生（老外、白须）、正生（黑须）、副生（副末、穷生）、小生（文小生、苦生、武小生）、孩生；有头梁旦（正旦）、二梁旦（花旦）、三梁旦（青衣）、金榜旦（贵夫人）、恭盘旦（婢女）、老旦、武旦；花脸有大花脸、二花脸、小花脸、三花脸、四花脸。

从行当脚色来看，梅林戏脚色分工较细，花脸所分列的脚色最晚可能到清代，而其他大概在明末已定型。梅林戏以宜黄腔为基础，同时又汲取了徽剧及北曲梨园规制，形成了比较完整的、具有梅林戏特点的不同脚色组成的班子。所不同的是，梅林戏以本地伶人为主，而无论何种脚色，其唱白均以“土官话”为准。

梅林戏具有系列性的表演程式，其程式内容遵循戏曲自身的规律，在此基础上形成符合地方戏曲的表演程式，因此，梅林戏的表演程式在每一历史阶段都有所创新、变革，并日趋完善。梅林戏的表演程式不受框架的拘束，常将源于民间歌舞中的生动活泼表演形式纳入其中，因剧情需要设定程式而不是程式化。

梅林戏在唱腔设计上，以剧情及人物设计唱腔。在演唱中曲式、唱腔富于变化，按剧情需要，又常以曲牌入剧。在唱腔中常见弋阳腔“滚”的形式，即以韵白续接、过渡唱曲，与弋阳腔五言、七言韵白不同，常采用“土官话”或俗语体现其唱念结合的地方性特点。

梅林戏很注重舞蹈表演形式，包括通常所说的“做工”也很有讲究，其特点以现实生活中的原型，经提炼使之艺术化。据《泰宁县志》记载，梅林戏艺人艾火贤（1884—1938），以旦角表演艺术著称，其在《探昭关》一剧中饰演浣纱女，表演细腻、传神；于《白蛇传》一戏中饰演白素贞，面部表情随剧情变化，转唱哭腔时，音声凄凉悲切，观众为之泣不成声。之外，梅林戏的表演形式尚有“变脸”、“耍叉”、“耍猴牙”、“吐火变裙”等表演技巧，因剧情敷设而不显突兀，颇受梅林戏戏迷喜爱。

梅林戏以往经常上演的传统剧目主要有《玉蜻蜓》、《白蛇传》、《二度梅》、《探昭关》、《莲花庵》、《活捉三郎》等几十部，有些剧目已濒临失传。新中国成立之后，除新创古装戏及移植剧目而外，又创作了现代戏28部，其中，《贬官记》获文化部颁发的编、导、演三项大奖，荣膺“天下第一团”美誉。梅林戏已被列为国家非物质文化遗产名录，作为地方戏曲，梅林戏的影响已超越地域性，为越来越多的观众所痴迷。

长期以来，流行于泰宁的民谣称：“梅林十八坊，十个弟子九担箱，敲起叮铛鼓，唱起摩郎腔，茅担抬石臼，抬到坪中央，搭起戏台来，唱到大天亮。”可以想见，九担箱中装满了衣、盔、杂、把等服装道具；所唱摩郎腔即道士腔；以石臼为台柱，于坪中搭设戏台；通宵达旦，唱彻山乡，其景象是何等地壮观！然而，这一景观并非今人杜撰，也并非乾隆年间相传，“敲起叮铛鼓”让人想起梅林戏以鼓为节奏的喧腾，后人谁又能想到去追溯梅林戏古老的源头呢？

◇ 民间艺人宁建设

大源观傩

Dayuanguannuo

大源村的傩由多个「神」组成，所代表的具体形象主要有雷公神、雷神母、雨神、风神、雪神、玉女、水神、祝融火神、广目天王、增长天王、持国天王、多闻天王、护法、弥勒佛。

◇严日进，44岁，雪神

◇严明亮，40岁，持国天王

◇严日辉，41岁，水神

◇严祖德，68岁，护法

◇严宝亮，31岁，弥勒佛

◇严建华，41岁，风神

◇严金福，23岁，玉女

◇林忠根，38岁，雨神

◇严建星，39岁，祝融火神

◇严龙应，41岁，广目天王

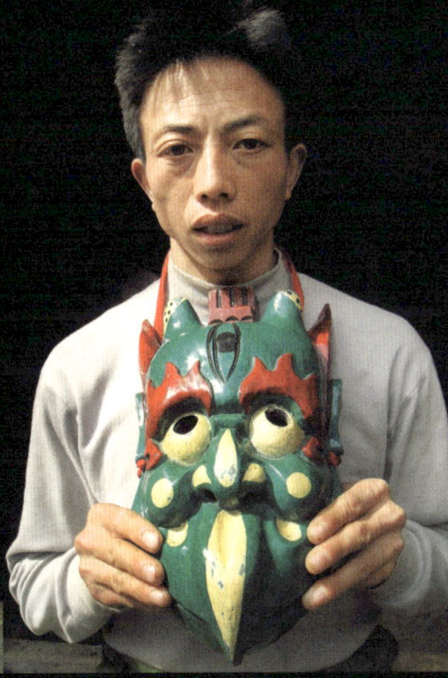

◇严和生，36岁，雷公神

◇严喜祥，21岁，多闻天王

◇严全寿，36岁，雷神母

◇严喜求，37岁，水神

◇严庆发，42岁，增长天王

大源村位于泰宁县西北山区，与江西省接境，故此地有“鸡鸣两省”之喻。大源村又分上大源村和下大源村，上大源村地处浅山带，村落房舍依山而建。村舍参差相间，四周林木茂密，修竹掩映，民风古朴，夜不闭户，犹如世外桃源。

村中最为醒目的古建筑为严氏宗祠，祠堂内供奉严氏列祖列宗灵牌，香火缭绕。由于村中所有居民均为严氏后嗣，严氏宗祠便成为公祭祖先的场所，公祭时令按祖训定在腊月间，仪式程序、内容以“傩”为主，当地人俗称“跳神”。

据上大源村《严氏宗谱》所记，其先祖为东汉时期的严子陵。查《后汉书·逸民传》：“严光字子陵，一名遵，会稽余姚人也。少有高名，与光武同游学。及光武即位，乃变名姓，隐身不见。”光武帝刘秀三次派人聘访，迎接朝中，置馆舍厚礼相待。不久严子陵辞官隐居，刘秀再次延请他入朝，予以官爵，严子陵辞官不居，归隐富春山耕田，终年八十岁。若依照《严氏宗谱》记载，严氏宗族在其后离乱之际避祸迁徙至泰宁偏僻的山隅，这也可能是受其先祖隐士风范的影响。

有关傩可见于先秦时期文献记载，其中一部分源于古老的传说，而现实中源于民间的傩在当时并不受到重视。书中有关傩的记述或因时代不同，所处地域不同，论者片纸只字，各执一词，但均不成系统。

《论语·乡党》：“乡人傩，朝服而立于阼阶。”以往所见注疏驳杂，以“驱逐疫鬼”一说接近原意。

《吕氏春秋·季冬纪》：“命有司大傩傍磔……以送寒气”，其所记系颛顼时代以大傩祭祀的情景。从季节时序上而言，是以大傩驱逐阴冷寒气，引导阳气上升，另一方面，大傩也具有祛除疾疫的意图。大傩祭祀在腊月前

◇ 严氏宗祠

一日举行，以鼓为节奏。

《诗经·卫风·竹竿》中有“巧笑之瑳，佩玉之傩”，朱熹注释“傩，行有度也”。此处所说的“行”指的行列，《吕氏春秋》中所说的大傩，表达的也有这种意思。但朱熹将“巧笑之瑳”解释为“笑而见齿，其色瑳然”，似乎有点问题。我以为“巧笑之瑳”是形容傩人所戴面具之态，即绘饰面具“巧笑”粲然，露齿如瑳，并非是傩人因笑而露齿。不过，大致可以归纳早期傩的几个特征：傩是驱逐疫鬼的仪式，由多人组合排列而成，有时令和地点的约规等。从《诗经·卫风·竹竿》中得知，当时的傩人身佩玉饰物，表现出其社会阶层的规格，这与再早的祈祝神灵、禳除灾疫的傩仪式是有所不同的。

傩在大源村有其古老的历史渊源，但在久远的流传过程中，受不同文化的影响，尤其是宗教文化的影响而产生变异，当然，也因地域的封闭性仍保留早期傩的基本元素，主要通过傩人所代表的具体形象和傩的行列等方面得以表现。

大源村的傩由多个“神”组成，所代表的具体形象主要有：雷公神、雷神母、雨神、风神、雪神、玉女、水神、祝融火神、广目天王、增长天王、持国天王、多闻天王、护法、弥勒佛。据此一一分述如下：

雷公神的体貌特征在古代传说中是很骇人的，《山海经·海内东经》记述：“雷泽中有雷神，龙身而人头，鼓其腹。”书中所形容的雷神，蛰居大泽之中，像龙一样的躯体，生长一颗人头。显然，雷神的形象在当时已经被人格化了，雷神鼓足腹部发出的声音就是通常所说的雷鸣，雷神的威力比其体貌更具有震慑人的神力作用。《楚辞·远游篇》中“左雨师使径侍兮，右雷公以为卫”，可见古人根据所观察到自然现象，将天空降雨当作雷神和雨神合力作用的结果。大源村傩中有两位雷神，一位为“雷公神”，另一位称为“雷神母”，所谓雷神母即是自然界“雷鸣电闪”中的闪电现象，二者为雨前的征兆，所以大源村将雷公神、雷神母比作一对“夫妻神”。

在原始宗教初期，雨神是被当作自然神来崇拜的，到了战国末期，将较早传说中的雨神“应龙”衍化为后来迷信中的龙，而主持祭祀雨神的巫觋变为专职的“雨师”。民间传说中，龙既能生水又能降雨。大源傩中的雨神，头上生角，其实就是根据传说中龙的形象塑造的。

风神在古代因地域的不同有多种解释，《山海经·南山经》记载：“其南有谷，曰育遗，多怪鸟，凯风自是出。”凯风指的即南风。泰宁多山谷、洞穴，古人认为风源于山谷、洞穴，将山谷洞穴当作风神崇拜。风神的神性通常被视为恶神。但在大源村的传统意识中，风是天帝的信使，风神与雷神、雨神合作养育万物，归属于善神。大源村对风神的崇拜可追溯到泰宁原著民对风崇拜的传说。

雪神循时令降雪，一般不会产生较大的灾害，自然界正常的降雪对来年的农作物生长是有好处的。因此，《淮南子·天文训》中说：“青女乃出，以降霜雪”，将青霄玉女比作天神。

大源村所崇拜的水神，其实就是哺育他们的溪流和灌溉山下农田的河水，这个神就是主管地方水资源的河伯，是与他们生活息息相关的地方神。唐代，佛教流传到泰宁，根据佛家的说法，龙神的名字称作“水天”，在水中有自在之力。大源村所崇拜的两个水神，其中之一有可能就是佛家所说的水天。

有关祝融火神，古代传说他出于颛顼氏，《左传》中称：“颛顼氏有子曰犁，为祝融。”《周礼》中也有记述：“颛顼氏有子曰黎，为祝融，

祀以为灶神。”在先秦著作中，祝融常常被提到，他居于南方，被称作“火正”，因而在民间被奉为“火神”。在大源傩中，祝融被尊为最重要的神祇。

依佛家的说法，四大天王居住在须弥山的半山间，又名“护世神”，他们的名称与职守分别为：广目天王管领西方、增长天王管领南方、持国天王管领东方、多闻天王管领北方。在大源傩行列中增长天王占有显要位置，而护法则是护持佛法之神，并护持自身所得之善法，同时，也参与祛疾禳灾的祈祝法事。弥勒俗称“弥勒佛”，“弥勒”是姓，译作“慈氏”，又称“阿逸多”，其意为“无能胜”。

从大源村傩组合的成分上分析，最早的傩受当地原著民文化的影响，如祝融火神、雷神、雨神、风神、水神、雪神。倘若说上述傩中代表的神祇，或有可能受到中原文化的影响，其影响的程度也是微弱的，譬如原著民信奉的祝融火神则比中原人还要早。自东晋以后，北方氏族南迁，辗转流徙至闽西北一带，文化上的交融对于民间傩的影响有多大，并没有信史可为佐证。唐末，佛教传入泰宁，大源村傩中的弥勒佛、广目天王、增长天王、持国天王、多闻天王、护法不会早于这一时期，佛教为原著民傩文化所接受，从而形成了大源傩广义上的宗教信仰。但这一形式上的组合并没有改变大源傩原始宗教的属性，佛教中的诸神是大源傩藉佛的神力驱逐疫鬼，而不是从信仰上皈依佛教。

大源傩作为传统的民间文化，具有其长期稳定的群众基础。在大源村，每户人家几乎都会制作傩面。傩面的原材料选质地优良的山木。傩面的凿刻工序复杂，雕刻的技法有圆雕、浮雕等，浮雕中又分浅浮雕、高浮雕等层次变化，刀法细腻，线条明朗，所雕刻的傩面五官部位准确，且具夸张性。傩面的具体形象既有传统的模式，又体现出每个制作者的想象力，如祝融火神傩面上方火焰状雕饰，风神作吹嘘状的口型，雨神顶部的喙突均雕刻得惟妙惟肖，可以说神形兼而有之。

傩面着色纯净明快，以大红、大黑、深蓝等色块渲染傩面色彩对比效果，间隔色多采用曲线分隔，线条匀称，与色块呈现强烈对比。细部如眉线、唇线则采用中锋勾勒手法，灵动自然，栩栩如生。创作的整个过程，体现出大源村傩面制作在审美上的形象思维功力。

大源傩古朴的结构形制与周边地区的傩舞、傩戏截然不同，甚至与历史上北方的“大面”也存在明显的区分。据《旧唐书·音乐志》记载：“大面出于北齐。北齐兰陵王长恭，才武而面美，常著假面以对敌。”此处所述的“大面”用于形象装饰，给对方造成恐惧、威严心理。大源村的傩面均代表特定的神祇，其作用为驱逐疫鬼。其次，北齐时的大面已具有戏曲情态表演的雏形，而大源傩则是宗教仪式。

大源傩与傩舞、傩戏的区别还在于有一套传统的结构形式，有相对固定的傩神和行列程式。傩人行步跨度较大，前后有矩，行走端方，双足跳跃，坚实有力，肢体模仿“神态”明显，个性突出，随着鼓的节奏呈现出庄严肃穆的情境。大源傩以宗祠作为固定的启动仪式场地，继而按照传统规定的线路循行，最终回到祠堂结束仪式过程。

此时站在山间，谷风吹拂旌幡，傩神行列一步步走下山阶，在喧腾的鼓声中蹚过溪流，跳跃田塍，穿行竹林，霎时间，万物“受天之祜”，连这个山村都为之神化了。

◇傩群从严氏祠堂一路跳跃前行

烟雨厝桥

Yanyucuoqiao

泰宁这座古城始终谋求与大自然景观和谐共存的途径。
在这条理念之路上，
每一步跨越都离不开桥梁，
路在桥上得到延伸，
桥在历史上得到延长，
而泰宁就是沿着这条历史长桥走了过来，
并使桥成为泰宁一体化景观的有机组成部分，
这在闽西北地区是极为少见的。

和风细雨中，踏上了仁寿桥，倚栏瞩望，远山如黛，雨中的烟村人家时明时暗，青山间有一条色如白练的溪水径流桥下，宛如水墨晕染的一幅山水画卷。此刻，丝丝细雨随风入耳，厝身其间，不由人缅想前人留下的遗泽。

泰宁有舟桥、浮桥、木桥、苇桥、竹桥、石板桥，而以永久性厝桥为定式，“厝”有安置的意思。素有“桥乡”之称的泰宁，于河水蜿蜒之间随处可见小桥相迎，欣见一桥，如旧雨新知。往日，桥上不乏寻找诗意的文人，也有糜顶旋踵的游方僧侣，当然也有问山寻水的游人。而知桥者，莫过于漫步桥上，倚阑修身养性的泰宁人了。临水而居的泰宁人，酷喜安居桥侧，便于人际往来和贸易，仁寿桥便是诸多桥中之一。

仁寿桥，始建于元代至正年间（1341—1368），复建于明代成化年间（1465—1487），再建于弘治年间（1488—1505），之后，又曾修建，但基本上保留弘治年间的建筑形制。仁寿桥的中线与河流中线呈垂直角度，桥长

◇仁寿桥全景 桥头居住丁姓人家

27米，宽4.7米，桥墩以条形青石砌成，其上为四层方木构架“井”字形叠架，以杉木板嵌合而成铺面，系三墩二孔平梁桥。桥廊左右两侧各有相间匀称的十根立柱，立柱下端与栏杆相嵌；廊檐下设有木棚，用于防雨遮阳，其形制类似宋代阑槛钩窗；桥两端各有四根楹柱，柱顶采用斗拱作为柱梁及檩枋之间的联系构件，于桥廊设有廊柱间休憩处所“九间”。

仁寿桥为抬梁式构架形式，于柱上加梁，梁上有瓜柱相承较短的梁木，层次重叠，梁端架设檩条，之上钉铺望板，构成坡状形屋面。桥两端各有一座挑檐式牌亭作为装饰，桥廊中部于桥屋顶面之上架有一座叠落式阁楼。从整体外观上看，仁寿桥仿佛有三亭并立，依次递进，层次分明，设计上显示出外延空间的整体美。从风格上看，仁寿桥构架精巧，体量适中，简约中透露出清秀之美；其在造型上屋顶略突，屋面坡度不大，屋脊曲线平缓，屋角起翘高，柱略粗；在色彩上，古朴素雅，布局调和统一，装饰巧而不华，屋

◇梅口村一座厝桥的窗户

面采用青瓦，整体不饰彩画。

乾隆《泰宁县志》记载，迎爵桥位于朱口大溪，始建于宋淳祐年间（1241—1252），这是泰宁古代建桥最早的文字记录。但根据相关资料记载，五代时，泰宁已成为经济、文化繁兴的县城，以泰宁所处三面环水的地理位置，修建桥梁必不可少。况且朱口位于城外偏僻之地，按照常理，建造桥梁应该晚于城区。因而可以推断，有关宋代以前泰宁城区建桥的资料在乾隆年间已佚失了。

泰宁古代桥梁的构架，多建有亭，明代洪武初所建均福桥，有亭五间；元至正年间所建龙湖桥有亭四间，桥上建亭的习俗历代相传，这里所说的“有亭五间”、“有亭四间”，与仁寿桥桥廊顶面架设的装饰性景亭并不相同。“间”应该是指桥廊两侧立柱间附设条状木凳，作为往来行人停留或食宿的处所，“亭”和“间”是两个概念，亭，指的是桥廊上的景观亭，间，指的是桥廊内柱与柱之间休憩的地方。大概当时将设有景亭的桥泛称为“亭间”。明代成化年间重建的朝京桥为五墩四孔平梁桥，“上以巨木为梁，覆以瓦屋，间计二十有五”，此处只说“间”而不称“亭间”。据此，泰宁古时所建的桥大概也有不设景亭的，而朝京桥也可能是泰宁历史上桥廊设“间”较多的记录了。

据乾隆《泰宁县志》所记，泰宁人为桥梁取名也颇有讲究，如麒麟桥、狮子桥、白象桥、白鹤桥，是以瑞兽吉鸟命名的。朝京桥、迎恩桥、朝天桥、迎爵桥，则有寓仕途通达，铭感皇恩之意。以所处地取名的有：龙湖桥、长兴桥；以桥下溪流命名的有锦溪桥、瑞溪桥等，不胜枚举。总之，泰宁人对桥意象上所表达的情致既丰富且浪漫。

在泰宁的历史上，兴建桥梁工程具有社会普遍意义，为此，泰宁人在物资上、人力上付出了巨大的努力。在文献中可以看出，为建桥提供物资、人力可区分为官修、募捐、义桥三种类型。明代泰宁城辟有八门，城区三面环水，城乡间以桥梁相通，城周桥梁最初均为官府建造，如杉津桥、利涉桥、昼锦桥、隆兴桥等。以募捐集资建造的桥梁有神光桥、黄公桥、乘驷桥、感福桥等。义桥中有一人出资建造桥梁，也有几人合伙集资建造桥梁，出资者多数为泰宁民间百姓，如安济桥、福兴桥、福冲桥、杭桥、永昌桥、长兴桥、神仙桥、利济桥、瑶桥、鼓漈桥、镇安桥、瀛洲桥、寿星桥等。泰宁城中昼锦桥建成后曾毁于洪水，苦于涉水之艰，于杉溪之上架设简易木桥，当时，有一位贩卖蔬菜为生的李文宪，以多年的积蓄用来再建昼锦桥。其间，出资者的义举多有所见，在今人看来也会为之动容。

早期的泰宁，云集了道家弟子和佛家僧侣，他们或寓居城内，或寄身于山水岩穴之中，因常年受泰宁乡民香火供奉，饶有积蓄，架桥铺路是修行者的善道，新泰桥、安泰桥、感福桥、通济桥、均福桥等均为僧人、道士所建，作为出家人，能关心民间疾苦，堪称为尚善之举。

按乾隆《泰宁县志》所记，知名的桥梁有46座，僻远乡间所建桥梁及山间小桥少有记载，其中，与乡土风俗关联的风水桥尚未计算在内。泰宁的风水桥通常筑建于村落水口，自然景色秀美，人居比较集中，体现出亲近自然而形成的近水筑桥风水观。临近桥梁的居民大多为同一宗族，裨于邻里之间相互往来。所建风水桥的位置以利于族群生活、出行为主，既然关系到宗族共同的利益，在择选建桥地理位置上，自然也略带些风水迷信色彩。

泰宁是一座以桥梁连接的古城，由城中向四周辐射的每一座桥梁，在历史上都承载了沟通政治、经济、文化的使命，这固然与其地理环境有关，而最主要的是这座古城始终谋求与大自然景观和谐共存的途径。在这条理念

◇张地村厝桥

◇寨下村一座石拱桥

◇梅林村一座石拱桥

之路上，每一步跨越都离不开桥梁，路在桥上得到延伸，桥在历史上得到延长，而泰宁就是沿着这条历史长桥走了过来，并使桥成为泰宁一体化景观的有机组成部分，这在闽西北地区是极为少见的。

现代城市中的桥梁强调桥的功能性，当人们驾车风驰电掣般地驶过桥梁时，就像一只惊恐的家燕从江河的半空掠过，无论是气势如虹的跨江大桥，还是秀丽典雅的乡间小桥，都是同样地一闪而过，更不用说站在桥上凭栏远眺欣赏大自然的景观了。然而，这就是城市的节奏，这种节奏遗失了传统文化中的桥留在人心底里的美好记忆，甚至连古桥的概念也都变得淡漠了。今天的桥提供了功能性的便利，可以认为是在物质生活中的获得，而人内心对美的事物欣赏的情致却减少了，当一座座桥被一辆辆汽车飞速碾过时，又有几个人能对桥梁的设计者的人文思想有些许的了解，又有几个人能为桥梁的建筑者塑造的景观而动心？

桥是山水相连的路，桥是路的延长，桥是对人生之路的创造性延伸。在大自然中，桥将断壑绝路变成通途；在社会生活中，桥对接了千山万水的阻隔；路有歧途，而桥无歧道，桥在连接自然完美的景观。如果将曲回的山路比作问号，那么桥就是破折号，这是道路不可少的转折，桥改变了崎岖和坎坷，表示前进的路还在继续，就其意义上来说，桥是一种精神和物质上的跨越。

泰宁人筑桥如赋诗，古今桥梁有多少，至今没有人能说得清楚。有一座桥是不能遗忘的，南宋庆元年间，大思想家朱熹在泰宁城外的小均坳曾遗落一面琴材，这面琴材被乡人架于溪流之上，留下了“凫过音生，山水皆响”的佳话。令人不解的是，当初是谁萌生念头，将琴材搭在圳溪之上？

◇甘露寺全景

甘露寺

Ganlusi

一座林木蓊郁的灵山岩穴，
必有其与佛家不解的缘分，
才赢得众生集资在深山造寺，
而那些匠心独具的工匠
也必然是承袭了泰宁古建筑精粹，
虔诚地建造了甘露寺。
不言而喻，
甘露寺的始建者也正是看中了
泱泱金湖之畔的这方风水福地。

泰宁山灵水秀，孕育出的宗教文化也是与众不同的。早期的原著民所信奉的原始宗教及之后的道教、佛教等宗教，均相继在不同历史时期出现，而以佛教流传最为广泛，且具有时间上的延续性。据乾隆《泰宁县志》记载，泰宁历代知名的佛寺近60座，如果将偏僻山中小型寺院计数在内，会远远超出这个数字。

泰宁境内的佛寺建筑可分作两类：一类建于泰宁城区，另一类建于山区。山区中一部分佛寺建于山乡或自然村，而为数不少的佛寺建于岩穴内，此类岩穴佛寺建筑形制独具特色，一向为修行者所器重。至今，泰宁保留下来的有甘露寺、醴泉寺、丹霞寺、宝盖寺等岩穴佛寺，而以甘露寺佛事活动最盛。

泰宁岩穴佛寺与当地山区秀美的自然环境有关，但从佛教思想而言，岩穴佛寺之盛风与流行的佛教宗派有其悠久的渊源和关联，它直接影响佛寺对建筑环境的选择，以及对僧众修行时予以生活上、心理上必要的约束，即佛家所说的远离红尘、遁世静修的戒律。当然，这与历史上泰宁流行的佛教宗派影响是分不开的。

据有关文献记载，梁武帝时，印度高僧菩提达摩来中国传播佛教，成为佛教禅宗的初祖，达摩传慧可，以下依次传僧璨、道信、弘忍、慧能。慧能（638—713）被称为禅宗六祖，与当时齐名的神秀分为南北二宗。慧能传行思、希迁为南宗的一支。行思一支辗转传洞山（今江西宜丰）良价，再传抚州曹山（今江西宜黄）本寂（840—901），称“曹洞宗”。

禅宗北派主张坐禅和调息的方法修行，而慧能所代表的南派禅宗则主张不需要累世修行，所谓“道有心悟”，只要“顿悟”即可成佛。顿悟说来简单，但实修比坐禅要艰难得多，不仅要求神情贯注、用心体会，而且还要习练瑜伽功。慧能本人生活十分清苦，他门下的僧徒便效仿他栖居深山中苦心修行，这种修行方式在江西东部和福建泰宁一带尤为常见。

据乾隆《泰宁县志》记载，泰宁最早的寺庙感化寺，建于唐永隆年间（680—681），其后，皈仁寺于唐垂拱年间（685—688）建造；善缘寺建造于唐开元年间（713—741）。泰宁寺庙建造时间与慧能南派禅宗流行时间约略同一时期，而早于曹洞宗。之后近一个世纪曹洞宗传入泰宁，南派禅风也由简直的“顿悟”，变得回互缜密。与此同时，佛寺建筑也开始侧重内部的实用功能及外表的装饰，这一建筑风格到了宋代成为时尚。泰宁的丹霞寺（1111—1116）、南禅寺（1245）、甘露寺（1146）、醴泉寺（1265—1273）等，即是在此风影响下竞相修建的。

甘露寺位于泰宁大金湖畔丹霞丛峦之中，攀山途中可见古木参天，翠帷掩映，方竹夹道，丹霞蹊径如红砖铺路，曲折幽邃。山间有两座高隆的山峰，左边如鼓，右端像钟，当地谚语云：“左鼓右钟，庙（妙）在其中。”庙、妙谐音，谐语工巧，甘露寺庙宇恰在钟、鼓山岩之中。再前行百余米，悬崖上的甘露寺已清晰可见，寺前有开凿的石阶，有人细数，台阶九十九。

甘露寺建在丹霞崖壁上一处天然而成的岩穴中，岩穴高80余米，进深约30米，岩穴上部宽30米左右，下端收拢不足5米，外形呈倒置金字塔状。甘露寺系当时名僧了凝募捐所建，于宋绍兴十六年（1146）竣工。岩穴内岩溶裂隙涓流入注，下自成泉，四时不涸，掬饮清冽甘甜，因名“甘露寺”。

甘露寺依岩穴自然形状，一柱插地，之上撑托有正殿、蜃阁、观音阁、南安阁四幢楼阁，顶部不施片瓦，是一座木质构架组合而成的建筑群。其建筑构架采用一根立柱承重方式，在空间上造成悬空建筑群景观，楼阁布局别致，构架严谨，形制奇巧，格调古朴。整体建筑既体现了传统的营造法式，又有所突破，足以让造访者叹为观止。

寺庙台基面以三根粗大的木梁横跨岩穴空间，架设在两侧崖壁凿制而成的岩台之上，建筑体的正面第一根梁木因空间跨度较大，在岩穴基岩上置立柱用于承受建筑群的垂直重力。由于梁木架于两端受力崖壁，借用岩石使之水平受力，充分利用水平梁木承重建筑物体量的作用，如此便将岩穴内阁楼由垂直承受力分解为以梁木水平方向承受重力，显然，在承重力分布上做过精准的计算。

构架与抬梁式建筑结构相仿，所不同的是依岩穴空间结构向上部空间舒展，空间布局考虑到楼阁重力均衡分配，于正面前区设置正殿，蜃阁、观音阁、南安阁错落分布于接近崖壁位置，达到了分解、均衡整体建筑重力作

用。此外，所采用的建材均为木质，以榫卯嵌合为框架结构，从而减轻梁木的负荷，台基中部不至于产生凹曲。

从整体布局结构来看，突出了正殿中心位置。正殿以木质构件组成歇山式屋顶，利用岩穴顶面空间，高挑檐角，在视角上造成高耸的景象。其他三幢主建筑与正殿相辅相成，其方位、朝向虽然不同，但整体布局稳定。甘露寺每幢主体建筑之间留有适度空间，形成密中见疏的效果，尽管铺面不大，但不觉得空间狭小。建筑体错列相接，变平为曲，并不感到平直无物；视角中呈现高下叠架，变浅为深，极富有层次感；干阑向前探伸，朝向洞口，起到了引带空间的作用。

◇ 甘露寺内景

甘露寺建成后，曾进行重修，并在两侧崖壁增设短柱相承台基，但建筑整体面貌和风格一如当初。甘露寺所采用的营造法式与当时泰宁其他的岩寺大致相同，如醴泉岩寺亦为悬空建筑，但该寺以三根立柱擎托台基上的建筑物，应该是效仿甘露寺建筑的式样。

按通常的匠作法，在岩穴中以地基起楼阁会显得呆板，岩穴空间也因之变得狭窄，而以一根立柱擎托建筑物，则使地面空间增大。因岩穴接近顶面，空间宽阔，利于采光，具有洞中观景的寓意。甘露寺建筑富于变化，空灵流畅，于岩穴窄处拓展宽敞空间，借用空间的做法是很巧妙的。甘露寺建筑髹漆为土红色，其色彩与岩穴丹霞红浑然一体。

寺庙主要的功能为宣扬佛法，自然在音声上有所考虑。若占据了岩穴地表空间，则僧人听经必在岩穴之外。甘露寺岩穴上下分为两个空间使用，楼阁下可以满足僧众活动空间，尤其是在雨天或是冬季，体现出在使用功能上的考虑。可以说，甘露寺因地形、因处所、因功能需要的建筑设计及建筑施工，均为当时的上乘之作。甘露寺楼阁群于四处主建筑而外，尚有僧房、生活区，可谓一应俱全，不是单一性庙宇的缩小，是在建筑景观和结构力学上多方面结合的小而复杂的寺庙，真正体现佛家“小有洞天”的世外福地。

深隐在茂林修竹之中的甘露寺，屏蔽了世间的俗音，僧众们在此静习禅理，惟有甘露滴泉之声与诵经声相和。于岩穴内景亭中既可俯临寺内全景，又可眺望远处山色；于岩穴外端详甘露寺，岩穴的结构层面恰似须弥座，别有一番佛家胜地之景象。也许，当初的设计者已经考虑到为后来人留下想象的空间。

甘露寺建成后不久，东瀛僧人重源三次浮海入闽考察，游走泰宁而至甘露寺，求得甘露寺营造法式归国。据传，僧人重源将甘露寺当作佛教经典建

◇ 云游的僧人向宇师傅

筑请到了日本后，奈良东大佛殿局部建筑便是以甘露寺样式修建的。

一座林木蓊郁的灵山岩穴，必有其与佛家不解的缘分，才赢得众生集资在深山造寺，而那些匠心独具的工匠也必然是承袭了泰宁古建筑精粹，虔诚地建造了甘露寺。不言而喻，甘露寺的始建者也正是看中了泱泱金湖之畔的这方风水福地。

至今，甘露寺香火经久不衰，这对于依托灵山秀水弘法的僧侣值得庆幸。他们蕈菰佐餐，清泉品茶；兰桂沐衣，子规伴读；春夏云游，秋冬著述；甘露寺，真是佛弟子们的妙绝之地！

昔日甘露寺钟鼓檀香，人游如鲫的景况至今犹然。相比之下，分布在山岩间的小寺显得清冷许多，一部分山间小寺已成为居士的住所，有的变成山居的农家住宅。这表明佛教在泰宁历史上逐渐衰退。当然，山栖泉饮是自古及今的农家传统生活方式——无论是否接受佛教文化的影响。

◇栖真岩四周生长着成片的竹林

栖真岩

Qizhenyan

在泰宁历代道家遗址中，
栖真岩是最富有传奇色彩的地方。
栖真岩历来被视为泰宁的洞天福地，
前来观瞻的人只为一睹梅福炼丹成仙的遗迹。
梅福一生，既没有成为名宦，
也没有成仙，更没有成道。
但就其在泰宁岩穴中一段生涯来看，
认真说，梅福应该是「神仙家」！

两千年前，一位弃官的名儒梅福，披发散巾，由豫章南昌沿山道蹒跚东来。泰宁（汉代时属建安郡，尚未立县）秀丽的山水留住了梅福漫行的脚步。在泰宁东北的山峦地带，他在半山间寻找到一处色如渥丹的岩穴。岩穴“高二丈许，广五尺余”，外形如覆舟。岩上生有蓊郁的古树，藤萝如帘，青苔点壁，山花簇生。岩前溪流潺潺，四时不涸，溪谷内有飞瀑流泉，崖上药草百种，灵芝隐显其间。山地间生长着成片的野生果木，树下遍生野草莓，其环境正是神仙家的形胜之地。

据《汉书·梅福传》记载：“梅福字子真，九江寿春人也。少学长安，明《尚书》、《穀梁春秋》，为郡文学，补南昌尉。后去官归寿春。”其间，梅福居家读书养性，虽多次上疏言政而汉成帝不予理会。

汉成帝阳朔元年（前24），委任外戚王凤为大将军专权朝政，京兆尹王章面君直言罢黜王凤，另选忠贤，却被下狱致死。梅福为此事上疏汉成帝，说“陛下今既不纳天下之言，又加戮焉”。继而陈辞：自皇上登基以来，天下的人忌讳直言，而朝中的官员更是人人缄口，王章因奏请罢黜王凤，不仅身入牢狱，竟然殃及家室，群臣都知道这样做是不对的，但都不敢争辩，这是国家的大患。大将军王凤死后，将其侄儿王莽付托汉哀帝，梅福目睹“外戚之权，日以益隆”，预见王莽日后必会篡政。据《汉书·梅福传》所记：“至元始中，王莽专政，福一朝弃妻子，去九江，至今传以为仙。”

或许因为梅福能预见时势变化，时人以为他具有仙道之术。但梅福宗儒家之学，按常理隐居泰宁应该以儒学为本，弃官舍家只能认为是无奈的避祸之举；至于他转学神仙之术却与当时的文化背景有很大的关系。

中国古代的神仙学起源甚早，最初以神话的形式流播于民间，逐渐成为贵族阶层所信奉的宗教。自秦始皇统一中国后，一些方士之徒便将流传的神仙之说带进宫廷，据《史记 · 封禅书》记载：“东游海上，行礼祠名山大川及八神，求仙人羡门之属。”文中“羡门”即方士羡门子高，均为一群效法神仙之道，并传授一些“形解销化，依于鬼神”的荒诞之术。虽然这些方士所传的神仙之术并不灵验，而“怪迂、阿谀、苟合” 之徒却由此而兴起。

汉初，汉武帝虽然以儒术为尊，但社会上流行的黄老之学并未因之而衰，只不过流为神仙家在地方诸侯王间生存，并与中央的正统儒家相对峙。秦始皇时，方士所说的神仙是长生不死的，到汉武帝时，崇信方士李少君，长生不死的仙术也有了变化，即“丹沙可化为黄金，黄金成以为饮食器，则益寿”。而在此后，演变成为方士以丹砂、药石炼制仙丹的神仙术。

当时的士族阶层，在朝慕习儒家之学，在野悟化黄老之言，在野者以黄老之言抗拒朝廷是真，以长生不死为神仙是假。但对于辞官隐居的梅福而言，万念俱灰，冥冥中命运的安排，也只能走“长生不死的神仙家”之路了——尽管是“假作真时真亦假”。

有关早期修神仙术的炼丹方法记述甚少，以晋代葛洪（283—363）所著《抱朴子》一书记述较为详备。葛洪以精通儒学知名于当时，偏又喜好神仙道养之法，同时又精通医术。书中所记内容宽泛且语多驳杂，也掺杂早期神仙家的思想和炼丹的原理、方法，被后人视为道教的理论家。据《抱朴子 · 内篇 · 金丹卷》记载，其炼丹材料、程序复杂。以程序而论，由“一转之丹”到“九转之丹”，功效迥然不同；将九转之丹纳入神鼎中，即“化为还丹”，服用此丹，可白日升天。

古时炼丹多以朱砂、汞、硫磺等矿物质作为药石入炼鼎中，这一类的炼丹药石在岩穴附近均可觅得。此外，书中又有“和丹”之法，即用“白菊花汁、地楮汁、樗汁和丹蒸之”，可见，植物也是炼制金丹的辅助原料。除此而外，按早期神仙家的说法，没有升天的神仙称为“地仙”，而生长灵芝的地方是“地仙”栖居的标志。以鼎炉炼丹的方法称为“外丹”，以人之身体作为丹炉修炼称为“内丹”，后者讲究自然环境，这也与岩穴四周生有药用植物的自然环境相吻合。然而，这一套炼丹之术，似乎在梅福时代还未达到如此精湛程度。

由于年代久远，泰宁人对梅福炼丹的方法并没有留下具体的文字记载，然而，却很认真地将这位避世修仙的“真人”居住的岩穴冠名“栖真岩”。民间相传，梅福炼得仙丹，有山鬼乘机盗走仙丹，梅福紧追不舍，于岭上讨回仙丹，后人称此处为“挽丹岭”。传说故事虽然离奇怪诞，但梅福的岩穴旧址及其遗留下的炼丹炉等器物，却为后来的道教继承并保存下来。

道教在泰宁开山辟场虽早，但影响却不及佛教。东晋时期，北方动乱不已，一批北方士族迁入闽地，但地处闽中偏隅的泰宁，跻身仕途的寒士极少，文化环境在很大程度上为宗教所占领。唐代道、佛并行，自此而下，佛教在泰宁最盛时有佛寺百余处，几乎遍布乡里、岩穴。

历史进入宋代，道教的命运似乎有了转机。按宋代的章制，天子出行是要拜谒太清宫的，遇到大事，也要遣派官员到宫观举行礼祭仪式。于是，地方争相效仿，大兴土木，修建了不少的宫观。据乾隆《泰宁县志》记载，由于梅福炼丹的岩穴是泰宁道教的发祥地，于宝祐年间（1253—1258）在栖真岩下建祠，并于挽丹岭上立祠，门额上篆有“留云”二字。宋代遗留下的道教宫观为数不多，其中，地处城西的龙山观，为北宋政和七年（1117）所建；玉波道院，为南宋建炎年间（1127—1130）建成；应真岩建于南宋景定年间（1260—1264）。

但在宋代，泰宁道观中的道士似乎已不注重炼丹之术，而以设道场、行法事为主。如出家于城西龙山观的道士卢嗣绩，即以祛妖、祷雨、保病等法事为业，至于炼丹修行，已成为往事烟云。

在泰宁历代道家遗址中，栖真岩是最富有传奇色彩的地方。如今，栖真岩建有一座木结构的道观，在这座道观中，仍然可以见到道教遗物炼丹炉及用于舂药的石臼。栖真岩历来被视为泰宁的洞天福地，前来观瞻的人只为一睹梅福炼丹成仙的遗迹，对道观的法事活动并不十分关注，而道观中的道士依然能以礼相待。栖真岩仙、道双修，的确是很特殊的文化现象。

有关梅福萍踪的去向，《汉书 · 梅福传》称："其后，人有见福于会稽者，变名姓，为吴市门卒云。"梅福作为一位名儒出仕为官，因抨击朝政弃官还乡，却又不忘国事，屡屡上疏谏言，遂愤世弃家不归，对一个无法自赡其身的儒士又该如何？选择神仙修行的方式，不过是苟活而已，而神仙之路却像是凄迷的絮团，就连神仙自己也无法理顺这一团缫丝，梅福，在那个时代沦为守门人又有什么奇怪的呢？

梅福一生，既没有成为名宦，也没有成仙，更没有成道。但就其在泰宁岩穴中一段生涯来看，认真说，梅福应该是"神仙家"！

蛇神庙

Sheshenmiao

小寺香火不盛，
究其原因，
老人据实相告，
寺的前身是一座废弃很久的蛇神庙。
这是我在泰宁第一次见到曾供奉蛇神的寺庙，
而这座蛇神庙所引出的可能是
泰宁缺失的早期文化史上重要的环节。

天上下雨，无处可去，恰好泰宁县博物馆郑馆长来电话，相邀品茶，随即冒雨前往。

品茶之暇，参观了展厅里陈列的泰宁境内出土的文物。引起我注意的是展柜中标识为新石器的数枚石器物，根据石器物件的分类，基本属于打制而成的刮削器；石器刃部有使用后的痕迹，其特征表现为细石器时期生活用具，年代距今6000年至10000年之间。据悉，由于采集地点分散，且没有发现大型的石器制作加工场地，以及早期人类生产活动的遗址，很难确定泰宁县境内新石器时代的起源及变迁。但这至少提供了一条信息，泰宁一带史前遗存可以推溯到新石器时期。

据郑馆长介绍：泰宁县境内新石器时期打制石器大多发现于山地间溪流一侧叠积的滩地上。因此，推想当时的人类栖居地应该在山地洞穴，其生产活动范围涉足莽榛的原始林带中，以狩猎为主要的食物来源。世代相传黄石山上曾有一处破败不堪的庙宇遗址，几度沦为废墟，后来建成一座小寺；相距不远有明代进士江日彩读书处，值得一看。

泰宁这个地方很特别——七山二水一分田；许多历史遗迹都在山里，只能徒步进行考察，而这也是我寻绎泰宁各个时期的文化衔接和嬗变的必由之路。上山的小路荆棘丛生，大概平时很少有人来。山道相迎的是一位年已八旬的老人，在前面不时用柴刀开路，山居的老人习惯于走山路，步履稳健，看不出老迈龙钟的步态。

俯临金湖是一面陡壁悬崖，断崖旁相距不远有两处岩穴，稍大的一处岩穴曾是江日彩读书处，岩穴内没有遗留下任何物品，贫士寄身岩穴苦读想来是很清苦的。江日彩于明万历三十五年（1607）考取进士，官至太仆寺少卿，曾推荐当时任邵武知县的袁崇焕出守辽东，在官场上算是一个有见识、

◇伏羲女娲图

有清誉的官员。

出乎我的想象，寺院实际上是一座木制构架的十分简陋的小寺，寺前竹林内有一畦菜圃，老人居在寺中，过着佛门居士般的生活。小寺香火不盛，究其原因，老人据实相告，寺的前身是一座废弃很久的蛇神庙。这是我在泰宁第一次见到曾供奉蛇神的寺庙，而这座蛇神庙所引出的可能是泰宁缺失的早期文化史上重要的环节。

在我国先秦文献中，记载着有关史前文明的传说，古代部族最重要的三个来源为华夏、东夷、苗蛮三个部族集团。“苗蛮”是对南方氏族部落的总称，据徐旭生先生考证，苗蛮集团的中心在今天的湖北、湖南两省。从相关资料分析，苗、蛮分处于不同的地区，今天的江西省以东至福建都属于蛮部族。蛮部族是一个较大的部族，其中最东面的一个部族成员在周代称作“闽”，闽部族由七个支系构成，被称作“七闽”。从古文字学上看，在汉代许慎《说文解字》一书中，蛮、闽同在虫部，而被释为“蛇种”。只是闽不是蛮的别称，

◇ 当地老人在祈福

闽是蛮的一个组成部分，或者是承续关系。在甲骨文中，虫如蛇形，蛮和闽都是在之后生出的形声字，这也可以作为蛮闽结合为同一个大部族的佐证。

古代七支闽部族的分布情形在后来的史书中已很少提及，有关早期闽人的活动在后来以传说的形式流播于民间，而这些传说大多掺杂神怪灵异的故事情节。东晋时的干宝在《搜神记》记述："东越闽中有庸岭，高数十里，其西北隰中，有大蛇，长七八丈，大十余围，土俗常病。东冶都尉及属城长吏，多有死者。祭以牛羊，故不得祸。" 东冶即今天的福州，以活牲祭祀与闽西北并不相同，后者是以人作为祭祀品，具有原始宗教殉人的方式。文中描述闽西北将乐县历年将少女作为活牲祭祀蟒蛇，表明当时民间盛行祭祀蛇神的原始宗教信仰。

书中描述了将乐（今福建将乐县）少女李寄孤身杀死大蛇的故事。文中透露的信息表明，当地民间尚保留原始的巫教，及以生人祭祀蛇神的习俗。将乐与泰宁接境，祭祀蛇神的习俗应该是相同的。这种习俗不只是在闽西北，据《高僧传》记载，安息国僧人安世高于汉灵帝时（约168年前后），杖锡南下至庐山（今江西庐山），当地拱亭湖庙内供养蛇神，"奉牲请福"的炽风弥时不减。很显然，崇拜蛇神的风气在汉代流行甚广，表明蛮闽部族祭祀蛇神的习俗是相同的。

1972年，湖南长沙马王堆一号墓出土文物中，发现一件覆盖在内棺上的彩绘帛画，帛画的左右上方分别绘有月、日及相关的图案，上部中间绘有蛇身人首像，这一组天上的景象内容表现出"弈射九日"和"嫦娥奔月"的古老传说，蛇身人首像则是传说中的女娲神。徐宗元《帝王世纪辑存》中有："女娲氏，亦风姓也，承庖牺制度，亦蛇身人首，一号女希，是为女皇……及女娲氏没，次有大庭氏、柏皇氏、中央氏……凡十五世，皆袭庖牺之号。”在古代传说中，女娲是蛮闽部族的主要首领，部族具有母系氏族的特征。墓葬的断代时间在公元前二世纪中期，表明最迟于西汉时期，蛮闽部族宗教文化已为上层社会所接受。

我所站在的黄石山下过去是一带山间洼地，历史上是东西交往的必经之路，从泰宁西去建宁而至豫章（今江西南昌），向北经庐山到达湖南，是远古闽文化流布的文化带。泰宁古属蛮闽之地，为七闽的一支。黄石山寺庙早年所供奉的蛇神可能就是源于对女娲的崇拜。据此可以推测，史前曾有一支闽族群生息在泰宁一带。

《山海经》中有关“人面蛇身”的神话和传说颇多，蛇神除具有人面蛇身的体貌而外，还具有超自然的力量，最初供奉蛇神是单一性的消弭灾祸，而不是祈福，这在多蛇的泰宁，则是很自然的。

时至今日，人们已经不知道与蛇神关联的文化是如何被湮没的。仅因为惧怕蛇，不可能完整解释古人对蛇神的膜拜，这中间似乎欠缺点什么。据古籍记载，在战国时期，人面蛇身的女娲是被当作神崇拜的，晚出于汉代的神话中，附加了女娲抟黄土制作人的成分，被奉为人类的始祖。于是，在之前以蛇为害，由女娲而变得玄秘，半神半人的女娲由神话中最初的蛇神蜕变而成为人神，既有不完整的物体具象，又并非幻想中的抽象物。自此，蛇神——女娲被赋予了新的含义，即具有神灵性和蛇的人格化的一面，但其源则可以上溯到早期原始的神话传说。这种神秘化的传说，诗人屈原曾怀疑过，在其《天问》中问道：“女娲有体，孰制匠之？”但这一质诘，在那个充斥神话、传说的社会里并没有引起共鸣，相反，神灵创世的神话维系着人、神合一的君主统治权力，而民间仍继续着人面蛇身的膜拜。

泰宁蛇神庙之少，原因有多个方面，原始宗教为七闽原著民所信奉，假设早期原著民以蛇为宗族图腾，由于以渔猎为主的生活方式，会随季节变化而迁徙，不可能在原始阶段形成固定建筑形制的庙宇，即使存在固定的祭祀性场所，也会因山洪等自然灾害而毁弃，故此类原始宗教场所留存极少。其次，道教、佛教的流入也是原始宗教信仰衰落的原因，而最主要的是当北方的客家文化成为泰宁文化主流时，原始宗教文化退出历史舞台是不足为怪的。

原始社会单一的蛇神崇拜，是出于对自然界动物的恐惧心理形成的，这与地域性的自然环境中生存的物种有关。在泰宁境内，蛇亚目中有乌梢蛇、两头蛇、眼镜蛇、银环蛇、五步蛇、烙铁头、竹叶青、蝮蛇、菜花蛇等十余种。对蛇的恐惧而产生敬畏心理是一种正常的现象，当人们认识到动物与人在自然界中的位置，二者的关系在心理上得到改变，蛇已不再是超自然的神灵。

虽然蛇神庙最终变成记忆，但在民间仍流传着祭祀蛇神庙蛇便不会伤人的说法。果然如此，心存崇敬也只是为了避害——那和古人又有什么区别呢？但是，这个传续古老的信仰无意中提示人善待自然界动物，对于保护生态环境物种是有益的。山居的七闽之后，由惮怕蛇到保护物种这一精神上的飞跃，让崇拜蛇神的历史变得更加邈远。

下山时，我向身边的老人问道：是否吃蛇？老人连忙摇手说：吃不得，蛇是山神。自然，在这位老人感知中，蛇的神灵是第一性的，但又是与“害”结合在一起的；这种双向的感知，是最原始的又是最实在的，也是他栖居在蛇神庙的原因。但这一时断时续的精神上的链条，我们却不知道是如何衔接的？

文化是人类社会流动的河流，传说中的闽文化源头在民间根深蒂固地保留下来。据说，山居的泰宁人屋内，在入冬季节常见蛰伏的蛇。我忽然想到，两扇门中蜷曲一蛇，不就是一个闽字吗？

◇朱熹铜雕

朱熹与小均坳

Zhuxiyuxiaojunao

朱熹出身贫寒，
故能安贫乐道，
所以他隐居小均坳时恬淡如常，
时于讲学之余游历泰宁山水，
每经山川丘壑，
遇到景色绮丽之处，
不惜曲回数十里山路前往。

出泰宁水南六里路至小均坳，此地是南宋时理学家朱熹（1130—1200）曾暂住的隐居地。

据乾隆《泰宁县志》记载："庆元间，籍伪学，避居邑南小均坳数年。其居有二匾：额曰'读书处'，曰'洵如'。"这段文字沿袭旧说，取简删繁，可惜其删节文字不当，将清以前旧县志较为详细的记载遗录了。查明末何乔远《闽书》记载："宋伪学禁起，晦庵朱子过泰宁，宿小均李氏，遗琴一张，为书'洵如'二大字以去。琴之阴有镌刻，首横'鱼榔'二字……"二者记录大略相似。所不同处，乾隆《泰宁县志》称朱熹居小均坳"数年"，可能是臆测之语。

清康熙三十二年（1693），泰宁文士丁开五忽然做了一个梅开雪天间的太极之梦，事过26年旧梦重现，次日，有村叟背负四块镌刻诗文的黑色页岩求见。诗文末有署款，丁开五详问石板由来，揣摩诗文内容及石刻书法，确定出自朱熹手笔，如获至宝，加以珍藏。有了这样一段玄奇的故事经历，四块诗文有幸地流传至今，但也因此让人对朱熹当年是否来到小均坳顿生疑云。有关朱熹一度隐居泰宁一事，还须从当时的政治背景和朱熹在这一背景中的处境予以探讨。

据《宋史·宁宗纪》记载，党禁始于庆元二年（1196）八月。有关党禁伊始的情形，《宋史·胡纮传》称："诏伪学之党，宰执权住进拟，用纮言也。自是学禁益急"。党禁六年而止，直到嘉泰二年（1202）二月。

余嘉锡先生以为："伪学之被禁锢，虽在庆元二年，而党人之置籍，则实在三年十二月，而重申禁令于四年四月也。"论及伪学事端与形成的原因、性质，则认为"其实庆元之党祸，与元祐时事迥异。元祐党与熙丰党争，起于诸君子之攻王安石；而庆元之党，起于韩侂胄之挤赵汝愚。安石之与侂胄，人品相去天渊，不可以并论”，这样便从性质上辨明两者的不同。元祐党争为“君子与君子争”，而韩侂胄出于嫉恨赵汝愚在朝执政，实际上是因揽权擅政挑动了一场排除异己的党祸。庆元年间，又因赵汝愚引荐朱熹入朝阁，行株连之罪，“以伪学诬朱子，为一网打尽计”。余嘉锡先生分析鞭辟入里。其实，当时因伪学而受株连的人不在少数，杨万里也被列入伪党五十九人之中而罢官，缘由即在于杨万里亦曾举荐过朱熹。

朱熹在当时为道学派的领袖，以他的道德、学问及人格争取到朝野儒士的拥戴。这一派人中包括讲学授业的学者，或者是去官闲散的名士，他们出于对时政的关心，对执掌朝中政要的权官予以议论、抨击，因而被列为“伪学”予以禁逐。

据乾隆《泰宁县志》记载，庆元年间，出身为皇室同族的赵时錧时任泰宁县令，赵时錧倡导儒学，朱熹有可能是被邀请到泰宁讲学的。或许，因为与赵汝愚同为赵氏宗族的关系，赵时錧对朱熹别有恻隐之心，在伪学之禁尚未波及泰宁时段，延揽朱熹讲学授业。倘若说，这段历史渊源尚不能成为朱熹到泰宁的充足证据，朱熹在泰宁留下的遗物及诗文手迹则可资以佐证。

现存泰宁的朱熹遗物最具说服力的是《四季诗》手泽石雕板，为四首五言绝句：

晓起坐书斋，落花堆满径。只此是文章，挥毫有馀兴。

古木被高阴，昼坐不知暑。会得古人心，开襟静无语。

蟋蟀鸣床头，夜眠不成寐。起阅案前书，西风拂庭桂。

瑞雪飞琼瑶，梅花静相倚。独占三春魁，深涵太极理。

◇朱熹四季诗拓片

朱熹所著《诗集传》对《诗经》一书进行了系统的注释，与之前汉《毛诗》有所不同，摒除了传统的旧说，在注释中阐发了他的理学思想和新的观点，其中的一些观点与朱熹所处的环境及感情因素有直接的关联。

四季诗中有“开襟静无语”、“梅花静相倚”诗句，两处提到了“静”字。在朱熹的哲学思想中，“太极”本身无动静，“动静”因太极作用而产生，理有动静，动而生阳，静而生阴，所谓：“天地之间，只有动静两端，循环不已，更无余事。”诗中以静观动，表述静为动根的道理。所说的静既指环境也指心态，“开襟静无语”更是表达应对时政变化的静态心理。

四季诗中提到了朱熹理学的核心“太极”，在朱熹看来，太极是万事万物的根源，“亘古亘今，往来不穷”，诗中以无语之“静”悟太极之理，表现其此时此地静中观物的心态。

四季诗中第三首源出《诗经·蟋蟀》，《蟋蟀》分三章，每章八句：

> 蟋蟀在堂，岁聿其莫。今我不乐，日月其除。无已大康，职思其居。好乐无荒，良士瞿瞿。
>
> 蟋蟀在堂，岁聿其逝。今我不乐，日月其迈。无已大康，职思其外。好乐无荒，良士蹶蹶。
>
> 蟋蟀在堂，役车其休。今我不乐，日月其慆。无已大康，职思其忧。好乐无荒，良士休休。

朱熹在《蟋蟀》第一章句下注释：“唐俗勤俭，故其民间终岁劳苦，不敢少休。及其岁晚务闲之时，乃敢相与燕饮为乐。而言今蟋蟀在堂，而岁忽已晚矣。当此之时而不为乐，则日月将舍我而去矣。然其忧深而思远也。故方燕乐，而又遽相戒曰，今虽不可以不为乐，然不已过于乐乎。”朱熹认为诗中所讲述的是晋国民间终岁劳苦，不敢稍有休憩，“蟋蟀在堂”已是暮秋，有感于日月流逝，“燕乐”间不忘“忧深而思远”，不敢过于欢愉。

如果说朱熹第一章句注释是对田间劳作者现实景况与心态的描述，那么第三章句的注释就是藉诗抒发自己所处的环境和内心世界的境况：“其所治之事，固当思之，而所治之余，亦不敢忽；盖其事变或出于平常思虑之所不及，故当过而备之也。”其“所治之事”隐含自己的理学思想，所谓“事变或出于平常思虑之所不及”可能就是用来比喻当时朝中复杂的政治背景。

若依旧有的朱子年谱所记，《诗集传》成书时间在淳熙三年（1176），朱熹时年47岁。据《宋史 · 道学传》记载，淳熙二年间，朱熹因抨击当时朝中在位的权幸，导致朝中的群小乘机上疏谗毁，迫使朱熹再次辞朝，宋孝宗乐得耳畔清静，索性给了朱熹一个主管武夷山冲佑观的虚衔。不料二十年后，旧景再现，让朱熹勾想起当年撰写《诗集传》身遭排谴的情景，且追究伪学之罪较之二十年前更为险恶，自己为《蟋蟀》的注释竟不幸成为预言，而四季诗则成为朱熹终结政治生涯的尾声。

当然，也或许有另一种可能，淳熙二年被迫辞朝虽与庆元二年伪学案似乎不可能有太多的关联，但是总有斩不断的情结。此外，朱熹著书有一个很好的习惯，他的每一部著作都在不同时段经常地修改，他在临终前夕还在修改《大学 · 诚意章》注释。而关键在于《蟋蟀》注释中所反映的思想和观点，背景、地点与二十年前淳熙年间近乎相同。因此，流传至今的《诗集传》亦很有可能是庆元年间朱熹的修订本。

朱熹在青年时，便对《诗经》有所探讨研究。此后，以他丰富的知识和治学的方法撰《诗集传》，书中既有鲜明的疑古见解，也融入了他的哲学思想。而他自己的诗作中常以理入诗，风格独特。四季诗的形式内容统一，不可能为后人的伪作，这或可作为朱熹曾寓居泰宁小均坳的内证。

1985年4月，曾在泰宁龙湖发现题对式匾额二块，一块书“读书之乐乐何如”，另一块书“绿满室前草不除”，匾额有“晦庵”署名及镌刻印章两方，似可以资作辅证。

据《宋史 · 道学传》记载，宋宁宗庆元二年，“沈继祖为监察御史，诬熹十罪，诏落职罢祠”，而朱熹的门人蔡元定也因之受到牵连，发落道州。因而，朱熹避祸泰宁小均坳的时间，一般认为在庆元三四年间，但具体时间说法不一。比较可信的说法是庆元四年（1198）冬，朱熹的门人蔡元定亡故，其灵柩由道州运送原籍建阳，朱熹闻讯前往建阳吊唁，此说入情入理。从四季诗描述的“落花堆满径”季节景观分析，应该在春末时，梅花雪景应当在隆冬、孟春之间。据此推测，朱熹在泰宁小均坳隐居的时间为庆元四年春末至庆元五年孟春，时间不足一年。

朱熹被朝廷列为“伪学”逆党，也正因为这个缘故，朱熹的讲学处设在泰宁城外偏僻的小均坳。朱熹出身贫寒，故能安贫乐道，所以他隐居小均坳时恬淡如常，时于讲学之余游历泰宁山水，每经山川丘壑，遇到景色绮丽之处，不惜曲回数十里山路前往。

朱熹“登第五十年，仕于外者仅九考，立朝才四十日”，一生以讲学、著书为业。朱熹是孔子以后封建社会中具有深远影响的思想家，并在当时形成以“闽学”为代表的学派，尽管在宋代一度被斥为“伪学”，但在宋代以后他所著的《四书集注》一直被奉为儒家经典。自南宋以后，泰宁的道教、佛教文化也在儒家文化主流中渐趋淡化。

朱光潜先生在其80岁后所著的《美学拾穗集》中说：“我在做人和做学问方面都经常把姓朱的一位老祖宗朱熹的话悬为座右铭：‘半亩方塘一鉴开，天光云影共徘徊。问渠那得清如许，为有源头活水来。’关键在这‘源头活水’，它就是生机的源泉。”这或许是八百年后朱氏族人对朱熹一生最客观、中允的评价。

◇ 泰宁县图书馆

学宫

Xuegong

在历史上，泰宁兴办官学较晚。
据乾隆《泰宁县志》记载，
由泰宁官方兴办的学宫始建于
宋代庆元年间（1195—1200），
学宫建于垆峰山之南，
这是当时泰宁城中惟一的一座学宫。
从此垆峰山被后来的学子称作泰宁儒学的发祥地。

在历史上，泰宁兴办官学较晚。据乾隆《泰宁县志》记载，由泰宁官方兴办的学宫始建于宋代庆元年间（1195—1200），学宫建于垆峰山之南，这是当时泰宁城中惟一的一座学宫。从此垆峰山被后来的学子称作泰宁儒学的发祥地。

分析历史上泰宁文化教育所经历程就会发现，以学宫落成为界限，泰宁的文化教育为其后奠定了“狭义”上的科举时代，从“广义”上理解，泰宁的文化教育早在唐代以前就已经存在。文化教育是历史现象，每一社会阶段都有与其相适应的文化教育，而文化教育的形式和内容也反映其时代的特征。

在泰宁的文化教育发展史上，既有原著民的文化教育形态，也有自东晋以后南迁客家人的文化教育形态，他们二者的融合在不同时期呈现出与其他地方所不同的现象。但由于在封建社会相关历史资料中，只注重文化教育的成果，而不去记载它的形成过程，像泰宁这样偏僻的山城，自然就在史书上从略了。

泰宁的学子们在历史中沉吟，在封闭中寻找希望，尤其是南迁的客家人，他们原本是北方的士族，其中以氏族为纽带的豪门巨富，无论在政治上和经济上都具有一定的社会基础，而最初的选仕标准就是为他们制定的“九品中正”制。

“九品中正”制产生于三国时期曹丕即位之后，当时士族门阀政治势力已经形成，为满足士族政治上的需要，于延康元年（220）提出九品中正取士方案，又称作“九品官人”法。按照北方的九品中正选士制度，三品以上限于士族，被称作“上品”；自四品以下称作“下品”，可由寒门中选才，并规定下品不能升为上品，即所谓的“上品无寒门，下品无世族”。在此之后，晋代取士承袭九品中正制，南北朝时期，北朝沿用九品中正制度，而南朝入仕的寒门与士族的矛盾日益趋烈，因九品中正制产生的影响和矛盾一直延续到隋唐时期，直到北宋时这种纠纷仍以南北人偏见而存在。

由于历史上的原因，南迁泰宁的客家人在仕途上陷入了窘境：如果没有北方的动乱，按照北方的九品中正选士制度，他们其中的一些人仕途生涯应该是很风光的，但失去了政治和经济背景，也就失去了入仕的环境和身份，人生的追求和志向都在迁徙过程中化为泡影了。

五代时期，闽王王审知统管闽地，其后遣派邹勇夫入主泰宁。在邹勇夫主政泰宁期间，经济和文化相应得到了稳定的发展。据叶祖洽《诏改泰宁县记》所描述：由于泰宁地处深山僻谷间，富有山川林木、鱼米资源，百姓自给自足，无须向外求助。在天下处于兼并战乱时期，而未卷入其中，像一个安静闲居的隐士。到了宋代一统天下，住户已有三万，成为七闽的一个大县。因泰宁位于偏僻之地，不与四周的商贾往来，所以民俗淳厚，士人器质美而又明敏；虽然有这样的美质，却得不到机遇而无法显现。县城“比屋连墙，弦诵之声相闻”，涌现出的文人学士可以与其他地方并驾齐驱。

以上释要的内容是叶祖洽对五代时期至北宋期间有关泰宁社会景象的描述。虽然内容涉及当时的文化背景，但并未介绍当时对文化教育所采取的措施和教育场所的设置。宋代以前，学校制度基本分为官学和私学两类，官学中有中央与地方之区分，私学即为私塾，其中也普遍存在居家学习的方式。比较特殊的是书院，既有官设也有私人开办。据泰宁史志记载，宋代尚无书院，当时私学炽盛，虽然私学和官学并存的现象沿袭已久，但泰宁由私学到官学似乎有一个过渡阶段，这个过程发端于五代泰宁隶属南唐地方政府时期。当时曾颁行“学田”措施，即为学校分配田地，以地租作为师儒薪俸及补助学生生活费用，同时，也用来接济贫士。这一措施改变了泰宁旧有的办学形式，并被延续下来。

宋代，历史又给了泰宁客家人一次机会。宋神宗熙宁二年（1069），王安石任参知政事，次年拜相。王安石为了推行其政治上的改革，在教育上提出了“新学”理论，并着手改变沿袭的传统科举制度，其科举考试方法不再重视记诵之学及对偶之文，而重在经书义理，即以论策取士。正是在新学兴起之初，叶祖洽成为新学中的第一位状元。虽然在当时朝中还存在北人对南人的偏见，但这并不是主要的原因，归根结蒂，科举制度是为政治服务的，而新学正符合当时的政治需要。

宋代在文化教育上采取了改良学校制度、创立“三舍法”、改革科举制度、颁定“三经新义”等措施，新法的推行在理论和人才使用上均取得明显的效果，虽然在其后改革失败，但对后世的影响很大。泰宁的第二位状元邹应龙，也是在此背景下应运而生的，宋代泰宁儒生登进士23人，呈现出科举盛世的景象。泰宁学宫也就是在此背景下兴建的，成为官学的中心。

明代初期，泰宁的文化教育正经历战乱后的恢复时期。在这一历史阶段，逐渐形成了以泰宁城为中心的传统儒家思想文化圈；与历代相比，明代泰宁文化教育不再是私塾和分散的岩穴苦读方式，无数次的文化废兴最终聚集到城区。

明洪武九年（1376），定定任泰宁知县。定定原籍西域高昌（今新疆吐鲁番），从姓氏上看，应该是少数民族。定定是一个倡导兴学而又务实的人，上任当天首先拜谒先圣庙，看到殿宇荒寒，堂室卑陋，感慨不已。于是，他命下属修葺学宫，筑建大成殿，将礼殿和讲学堂修饰得焕然一新。定定死后葬在泰宁。作为一个少数民族官员，修建学宫，重视教育，其功绩是不可泯没的。

◇泰宁古城上学的孩子

明代泰宁的文化教育受到官方和民间的重视，设立义学，奖掖后生，尤其关注学童教育。其间，在城中及乡村设立“社学”，对延请的师儒“有教约以警社师，有教法以训蒙士”，由此可以看出对师儒的教学资格和能力是有严格要求的，这也反映出当时泰宁的教育制度无论官学还是义学都已具有系统化的管理方式。尽管明代泰宁的儒生们没有夺得状元的名分，但是它的文化连续性以及日益成熟的教育体系，已经让泰宁成为那个时代闽西北的文化名城。

此时的泰宁筑建了城垣，列有八座城门，遗留至今的昼锦门就是当年为炫耀状元叶祖洽而设置的。同时，城市经济与文化教育的繁荣，城市文化与民间的农耕文化的差异在其后也逐渐显露出来，这似乎是不可避免的趋势。泰宁明代的岩穴文化与城市文化究竟有多少区别，在我看来，除了城市内典雅奇巧的殿堂和官宅，以及街巷鳞次栉比的店铺，二者的文化是相互沟通的，阶层并不是文化的本质，它只是文化发展到一定程度的表现。

但是，定定将明伦堂改建大成殿后，引出了涉及风水的不少是非。后任泰宁教谕的李卓，于明正统十年（1445）入主学宫。继定定之后八十年间，泰宁考取进士3人，举人19人。李卓认为学宫的建筑位置有悖风水，是影响泰宁士子科举及第的主要原因，于是，出现了多次学宫迁址的奇怪现象，直到明末并不见有所起色。

据此，以往有人对明代泰宁的文化教育状况似有相近的看法，但我认为，风水观所表现的是附会谶纬说的迷信思想，主要的根源在于明代的科举制度及教育制度。明代科举制度极为重视形式，规则条例更加繁琐，科举的内容主要以四书五经命题，而科举考试注重八股文格式，在地方学校实施极端专制，“颁禁例于天下学校”，内容包括国家大事生员不许建言等诸多禁令。科举考试内容钳制学术思想，形式上枯燥僵化，比南宋末期复古的科举考试制度更为苛刻，这与泰宁五代以来较为自由的学风是不相容的。此外，明代建都北京，政治、经济、文化中心北迁，客观上对地处偏远地区的泰宁文化教育有一定的影响，这是泰宁学宫不能有所作为的原因。

清代的文化教育制度，最初大体上承袭明代的学校制度及科举考试制度，所采取的政策目的在于缓和阶级矛盾，以及消除“反清复明”的思想和行为。在其推行的文化教育制度上，采取“怀柔、镇压”两种手段，一方面荐举不甘为奴才的山林隐逸，另一方面则大兴文字狱，屠戮具有反清思想的文人。清顺治三年（1646），清军攻入泰宁，当地军民踞山寨坚守，清军攻破山寨，屠杀军民万人，其中包括手无寸铁的妇孺老弱。顺治年间，泰宁城中的学宫、乡村间的社学俱受到破坏，泰宁的文化教育也直落低谷，直到乾隆时期，才逐渐有所恢复。

一段战乱的历史，让泰宁的有志之士远离了学宫和科举仕途，选择了隐士生涯。追溯历史，从北宋时的名相李纲隐居泰宁丹霞寺到南宋时的朱熹避祸泰宁小均坳，隐居成为泰宁文人愤世嫉俗和保持民族气节的归宿。清代，隐士成为泰宁的社会现象，而带有阶级和民族双重压迫的学宫也接近了尾声。

诚如宋代的状元叶祖洽所说：泰宁人“虽有美质，无以发明”，这是泰宁人的自信。从岩穴文化到学宫，泰宁人不乏天赋、勤奋，但他们地处偏僻，缺少的是机遇。以叶祖洽为例，泰宁的文化底蕴造就了叶祖洽，他少年时期的志向在王安石变革科举制度中得到了报偿；但他真正以改革的理想从政，却屡屡受挫，直到新法受阻，客死他乡。叶祖洽有幸亲履新学改革，而他的不幸在于被旧学所吞噬，竟成为泰宁学子中值得后人“悲欣交集”的第一位状元。

◇ 红军街全景　摄影/刘贤健

红军街

Hongjunjie

垆峰山下，
今天的红军街即是当年的岭上街。
缓步走进红军街，
修饰如故的街巷将人的心绪带入七十年前。
街巷中完整地保留一口红军井，
曾是泰宁红军总部用来汲取生活用水的地方。
距红军街不远处有一座陈家大院，
即是当年泰宁红军总部驻地。

20世纪30年代，泰宁进入了历史上最为悲壮的里程。

1931年6月3日，红三军团第六师政委彭雪枫率部兵分两路向泰宁挺进，当时驻守泰宁的国民党五十六师直属工兵营及泰宁县保卫团闻讯后，弃城溃逃至将乐，红军第六师遂于6月4日进入县城，国民党统治压迫下的泰宁人民获得了解放。

在此之前，毛泽东、朱德指挥的中国工农红军第一方面军，由江西富田向东推进，先是取得东固、白沙、中村、广昌四次战役胜利，于5月30日集结红三军团及红十二军优势兵力，击溃驻守建宁的国民党刘和鼎第五十六师所属四个整编团，取得第二次反围剿战斗的胜利。当晚，总前委会议决定，由红三军团分别在泰宁、黎川两县筹备军饷，并于两天后，部署了分为三期实施的战略进攻方案，红军第六师即是按此部署解放了泰宁。

群山环抱中的泰宁，地形复杂，山峦起伏，沟壑杂陈，部署得当，易守难攻。红军进入泰宁城后，依据泰宁城三面环水，一面依山的地形，将指挥部设立在背靠垆峰山麓的岭上街。《孙子·地形篇》说："险形者，我先居之，必居高阳以待敌"，从战术布局上分析，红军占有地利的优势，控制并巩固了东部的局面。

红军进入泰宁后，于第二天在城中召开群众大会，将打土豪没收来的粮食、衣物分发给贫苦农民，宣传革命道理，号召劳苦大众组织起来推翻旧制度，建立人民做主的新政权。在较短的时间里，建立了泰宁党组织及地方武装，同时，红军深入乡村发动群众，建立了朱口、新桥、大田、大均四个区革命委员会。这一期间，红军在泰宁筹款7万，有300人参加红军队伍。

根据当时总前委拟定的"三期工作计划"方案，红军集结主力于6月3日向北线实施战略进攻，"争取南丰、南城、宜黄，进而威逼抚州、南昌"，

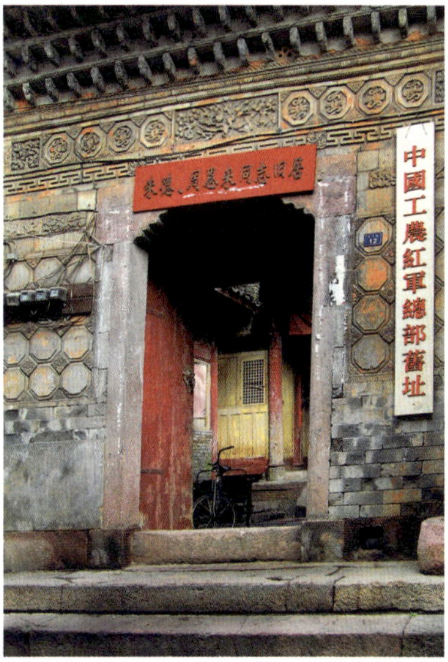

◇红军街上中国工农红军总部旧址

但由于北线守敌国民党毛炳文、许克祥部踞南丰、南城不出，随即相应在策略上作了变动。毛泽东在6月28日给周以栗、谭震林的信中归纳了五条变更计划的意图：认为“目前事实上既不许，整个策略上亦不宜”；指出“只有东方是好区域”；在此区域“山地纵横，无河川阻隔，最适宜造成新战场”；在军需供给上“有款可筹，一军内不愁给养”；从兵源上考虑，“群众很多，可以出兵扩大红军”；结论中指示红一军，“因为有了这些条件，我们应该在这地域作长期工作计划”。

就在红军粉碎国民党第二次围剿后不久，蒋介石对中央苏区展开了第三次军事围剿。虽然红六师在不到一个月的时间内，依据泰宁的山川地形，在军事上做好了周密部署，并建立了地方革命政权，但为了配合主力红军反国民党第三次军事围剿，于1931年7月9日奉命战略转移回师建宁，国民党独立第四旅随即占据泰宁。根据上级指示，中共泰宁支部、泰宁县革命委员会转移山区坚持斗争。当年11月7日，泰宁县革命委员会选派两名代表参加瑞金

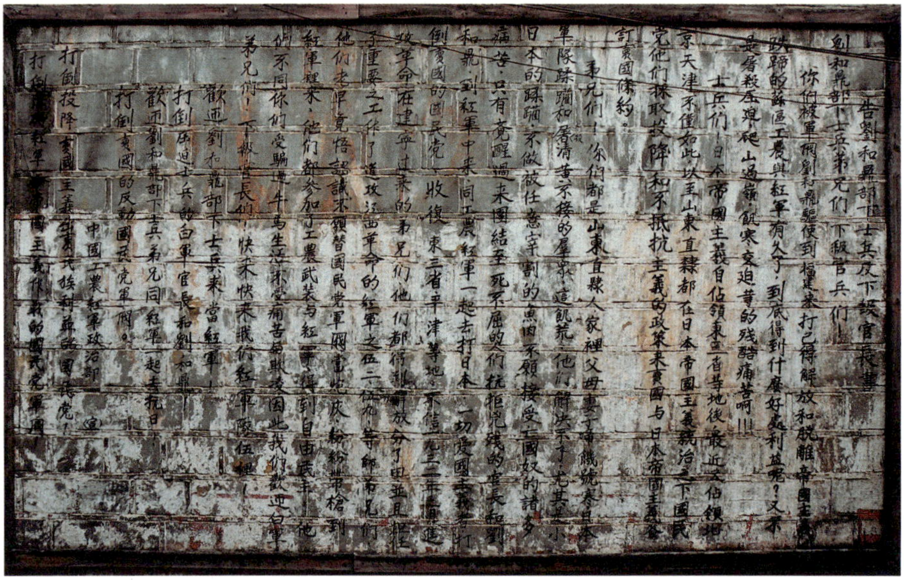

◇告刘和鼎部下士兵及下级官长书

召开的中华苏维埃第一次全国代表大会，成为中央苏区21个组成县之一。

1932年10月初，红一军团总政委周恩来、总司令朱德签发《建黎泰战役计划》，命令红二十二军攻取泰宁。由于红军深谙泰宁山川之利，并得到当地党组织及革命群众的支持，泰宁县迅速得到收复。

泰宁作为闽赣边区战略要地，成为军事上争夺的重要目标。1933年2月23日，国民党刘和鼎部乘红军主力西去强攻南丰之际，又一次拥兵攻入泰宁县城。同年6月22日，泰宁独立营配合红军闽赣独立第一师实施反攻，守敌凭借城垣工事，双方激战昼夜，红军未能攻下泰宁城。《孙子·地形篇》说："若敌先居之，引而去之"，红军佯作北撤，守敌出城追击，受到红军预先设伏部队的围歼，双方战斗持续到7月7日，当夜，国民党残部仓皇弃城而逃，泰宁第三次获得解放。

1933年9月，国民党对中央苏区进行第五次军事围剿，由于博古、李德指挥失利，导致红军军事行动处于被动地位。到了1934年3月下旬，红军与国民党军队在泰宁新桥等地展开激烈残酷的争夺战，其间，博古、李德对战局分析、指挥不当，致使战事不利。1934年4月1日，时任三军团军团长彭德怀在致军委的信中写道："战略决心迟疑，战术不够机动，失掉许多战机，使应得到的胜利推迟，使某些战役流产，并把战术动作限制得过分严格，使下级失去机动，只能机械执行。"信中提到"这次由恰村向泰宁地区转移，犹豫不决迟延了一天，致使敌人抢先占领了泰宁城……"至5月9日，红军最后一处阵地失守撤回建宁。红军撤离泰宁后，泰宁县委、县苏维埃政府机构人员编入游击队独立营，于当年7月底撤退到宁、清、归一带开展游击战。

垆峰山下，今天的红军街即是当年的岭上街。缓步走进红军街，修饬如故的街巷将人的心绪带入七十年前。街巷中完整地保留一口红军井，曾是泰宁红军总部用来汲取生活用水的地方。距红军街不远处有一座陈家大院，即是当年泰宁红军总部驻地。

陈家大院是一幢建造于清初的三进民房，三进厅堂分别设有二十余间厢房，整体建筑为砖木结构，建筑顶部四周筑有防火墙，整体建筑结构近似徽派建筑形制。陈家大院背倚垆峰山，后宅依山凿挖一处防空洞，用作泰宁红军总部遭到国民党飞机空袭之际临时指挥部。1932年11月，红一军团总政委周恩来、总司令朱德亲临泰宁，即暂居陈家大院部署军事行动方案。1933年8月，周恩来、朱德率红一方面军由江西东移至泰宁，将红军总部设在陈家大院。在此期间，周恩来、朱德指挥红一方面军东方军及江西抚河以东地区的红军作战，连续取得了宁化、连城、顺昌、将乐、南平等战役的重大胜利。陈家大院宅内的厅堂及厢房依然保留当年的旧景。

在红军街的墙壁上至今清晰可见当年红军书写的大字标语及巨幅文告——《告刘和鼎部下士兵及下级官长书》。文告宽4.2米，高2.6米，楷书

28行，全文655字。文告揭露国民党不抵抗日本侵略者的卖国主义行径，号召不愿意做亡国奴的国民党士兵，与工农红军一道去打日本侵略者，言辞正义凛然，慷慨激昂，是一篇难得的宣传爱国主义精神的教材。

沿石阶登临垆峰山，葱茏茂盛的林间有一座为革命烈士修建的纪念亭，纪念亭一侧的青杉翠柏间有一道当年红军修筑的战壕。浴血奋战的红军以他们的生命为代价，换得了一个殷红的泰宁，并在今天成为著名的红色旅游胜地。彪炳千秋的红军光辉业绩镌刻在泰宁的山水之间，已确定的泰宁红军遗址有东方军总部旧址、大洋嶂战场、窑排岭战场、中共泰宁县委和县苏维埃大田旧址、双坪旧址、龙安旧址、红色广场、红军崖。

泰宁在1931年成为中央苏区组成县之一。从那时起，泰宁不仅成为红军军事根据地，也是红军军用物资供给站；泰宁有2800人参加了红军革命队伍，而为革命捐躯的烈士，仅据《泰宁县志》中所列“革命烈士英名录”就有306人。在牺牲的烈士中不仅有男性，也有女性，黄木珠烈士即是其中之一。

黄木珠（1913—1934），梅口乡黄家坊人。幼年家贫如洗，在她八岁那年，父母不忍全家饿死，万般无奈将她卖给了一个姓廖的人家换取斗米度年荒。之后，黄木珠又被转卖到梅口下街的江家做童养媳。她在江家既要上山砍柴，又要下地挖野菜，还要操持一家的劳作，过着食不果腹、衣不蔽体的生活，她的童年和少年时代是在饥寒交迫中度过的。

1931年6月，红军解放了泰宁，苦难中的黄木珠看到了希望，她积极地参加打土豪、分田地、烧契约的斗争，随即开展发动组织妇女支援红军的活动，为红军编织草鞋、护理伤病员、挖战壕等。红军撤离泰宁后，党组织选派黄木珠转入地下秘密工作，在弋口、大田等地红军联络站间传递情报。

1932年10月，红军转战回师泰宁，黄木珠担任梅口区苏维埃政府妇女部长，当年，她带领贫苦姐妹江义珠、江顺珠、邓求珠等加入红五军团政治部宣传队。1933年底，黄木珠积极组织筹款、备粮等军需用品工作，支援红军反国民党第五次围剿。红军撤离泰宁后，中共泰宁县委、县苏维埃政府转移到龙安，黄木珠时任县苏维埃妇女部部长。

1934年7月2日凌晨，中共泰宁县委、县苏维埃政府驻地龙安突遭国民党保卫团、大刀会的包围袭击，在突围时，黄木珠为掩护同志们撤退，不幸中弹牺牲，时年22岁。

我在泰宁期间，曾多次前往龙安凭吊中共泰宁县委、县苏维埃政府龙安战斗旧址，走在宁静肃穆的苍松翠柏间，脑海中仿佛幻化出黄木珠坚贞不屈的形象；我也曾在梅口寻找过黄木珠的旧居，但见青山巍巍，碧泓百里，追念烈士，令人深深为之感动。

距今七十多年前，泰宁人为革命付出了惨烈的代价；这里有伟人，也有平凡的战士，他们是火种，他们是火炬，他们是火焰，他们在烈火中熔铸自己的躯体，成为共和国的奠基石！

走在泰宁山水间

Zouzaitainingshanshuijian

泰宁原始的自然山水景观与古朴淳厚的民风，
充满了神奇的诱惑，
行走在泰宁山水间，
让人寻找到了美的参照物。
如果说泰宁的文化是无形的精神遗产，
那么，泰宁自然山水景观就是这一无形精神遗产具象的展现，
人们从泰宁丰富的文化遗产中演绎自然山水，
从自然山水中解读泰宁的文化底蕴。

秦统一中国后，设置闽中郡，但有关七闽文化的余绪基本属于空白，泰宁境内至今不曾发现这一时期的文化遗存。西汉初期，汉高祖刘邦封无诸为闽越王。据《汉书·闽粤传》称："汉五年（前202），复立无诸为闽粤（越）王，王闽中故地，都冶（今福州）。"《汉书·高帝纪》六年（前201）条下，"诏曰：……今以为闽粤王，王闽中地，勿使失职。"两段文字所述同一件事，时间略有不同；建都"冶"地，"王闽中地"泛指今福建及浙江东南一带。

泰宁此时辖属建安县，为闽越王无诸的巡幸游猎场地。据《闽志》载录，泰宁城外水南一带曾是无诸射猎之地高平苑，无诸的行宫——乐野宫位于今泰宁城内。南宋时泰宁人邹恕尚见到长满蔓草的闽越遗宫，在之后连废弃的宫墙也都不复存在了。相传第一代闽越王无诸死后葬在泰宁，出泰宁城西五里可以见到毗连相峙的山丘，当地人方言称"苦株坑"，至于哪一座山丘是无诸的墓冢，只能留待以后的考古发掘。

越人的根基在会稽（今浙江绍兴），无诸是越王句践的后裔，越人南迁后在闽地称王近百年，最终在汉武帝时结束对闽地的统治，其中东瓯一部被强迫迁徙到江淮一带。汉代对闽地影响最大的是越文化，越人在泰宁留下的文化也在其后的时光里渐渐黯淡。

汉初的泰宁，似乎没有为历史留下可以书写的篇章，但闽越王无诸巡猎逸游泰宁，却在民间口碑相传，泰宁的自然山水景观三剑峰、金铙山都与闽越王无诸有关，可以说这个名不见经传的地方，最初是以它秀美的自然生态环境而为世人所知。于是，从那时起神仙家、道家、佛家修行者，沿着山水风景线，于不同时期由各方赶赴泰宁。

这座山城在历史上的最大功绩是接纳了自东晋以后由北方南迁的客家

人，而客家人也没有亏负泰宁山水的哺育之恩，他们不仅与原著民共同努力实现了经济上的自给自足，并且形成了独具一格的山水文化。这一文化现象反映在各个学科，并以多元的文化色彩彰显于世，作为自然景观与人文景观相结合的特征尤为明显。至迟在宋代，在以今天的泰宁城为中心的四周，已经形成“堂北双松、城东三涧、旗峰晓雪、垆阜晴烟、奎亭怀古、南谷寻春、金铙晚翠、宝阁情云”杉阳八景掩映下的城市景观，从此，开启了闽西北地区名胜景观的先河。

泰宁旖旎的丹霞碧水景观，可以咏歌，可以入画，也可以寄情赋诗。我在泰宁期间，行走在山水之中，每至一处景域，都教人面景萌生出诗兴，遂成诗三十余首，择其中部分诗篇以表达内心对泰宁山水文化的景慕之情。

夜间，由邵武前往泰宁，月下山影朦胧，形如神女曼妙之姿，赋得《夤夜途次泰宁》：

入夜丹霞不自孤，富屯溪上棹舟凫。

欲将武夷比神女，初挑云鬟在金湖。

次日，泛舟大金湖远眺，三剑峰丹霞石柱拔地而起，形如三柄立剑，峰巅似芒直刺天穹，蔚然壮观。汉代时期，三剑峰一带曾是闽越王无诸的游猎场。赋《三剑峰》一首：

欣游胜地论群雄，闽越王宸霸业空。

湖畔峥嵘青锷剑，曾经巨浪傲西风。

十里平湖是一片开阔的水域，平湖夕照，金波粼粼，让人痴迷不已。夜阑皓月荡于湖心，星随波移，更令人萌生遐想。《夜泊十里平湖》：

云栖碧水映霞丹，风送轻舟载月看。

寻问姮娥天阙事，浅斟不觉夜阑珊。

鸳鸯湖一湾湖水如镜，光可鉴人。湖中应时有鸳鸯游憩，最多时可有百对鸳鸯嬉戏湖中。鸳鸯湖左侧有一东山岩，可于岩穴野栖，清赏泛波湖中的鸳鸯。以《鸳鸯湖》一诗记之：

日丽和风暖，月圆岚气轻。

鸳鸯侵画卷，鵁鹭入丹青。

泼墨穹窿黯，描银太白明。

兰舟深泊处，永结山水盟。

猫儿山是泰宁世界地质公园内景观之一，于金湖向南凭眺，酷似巨猫蹲踞崖巅，昂首曲背，鬣须翕动，仄耳如谛听状。山上有明末温恭筑室读书处。诗《金湖岸碛望猫儿山》云：

岿巍岸踞伴清寥，仄耳灵猫不胜娇。

归化兴衰多少事，随君入静细听潮。

虎头寨因临湖巨石似虎头而得名。虎头寨地势险要，寨下山路是连接福建、江西两省的古道。宋代时曾于此处建寨屯兵，寨中尚存部分建筑遗迹。虎头寨岩顶有观湖亭，尽可俯瞰大金湖景色。《登虎头寨有感》：

欲上虎头莫畏难，嶔岑栈道用心攀。

临风仰望挽丹岭，抱石俯看梅口湾。

鹤浴双溪帆影叠，虎啸两省寨连环。

移时物换成天趣，都在观湖一瞬间。

西汉末年，王莽欲篡汉，梅福有所先知，于是辞官弃家室，修行于深山，即泰宁上清栖真岩。宋代乡人立祠于岩下，岩侧有采药涧，梅福炼丹处丹炉犹存。因赋《栖真岩》诗一首：

汉纪崩沦梅福狂，辞官觅药上青硐。

灵岩砥砺炼丹术，秀水涵淹辟谷方。

往昔险成尘世鬼，此间应作羽衣郎。

真人乘鹤仙游去，一路山花遍地香。

石辋村坐落于山地间，村民以萧姓客家人为主，宋代由兰陵武进迁来。山耕泉饮，民风敦厚，山水幽僻，故有世外桃源之誉。徒行间，可观赏三山联袂：枪山如芒，旗山掩卷，牌山如盾，景致肃然。《石辋旅次寄食农家有感》：

山庄月桂吐芳菲，稻米新熟鳗正肥。

莫怪农家留远客，青山未老毋须归。

泰宁梅林戏始自民间，由宜黄传入泰宁后兴起，与泰宁锁歌等融合形成新的剧种。梅林戏表演形式古朴、粗犷，具有鲜明的地方风格。《观梅林戏》：

声声款曲透轩窗，彩凤翩跹燕舞双。

弦索南词蝉北调，宫商别解旧徽腔。

泰宁民间大源傩可以追溯到远古时期，是在祭祀活动中用以驱鬼祛疫的一种仪式，其后演变成为迎神庙会期间驱邪祈福的形式。大源傩节奏感强，形体变幻多样，富有浓郁的乡土气息。《大源观傩》有得：

驱邪避疫庙前傩，巫觋同门另一科。

武士文神李子拐，木鱼尺板小铜锣。

粉绸裹体修眉黑，红布缠头敷面酡。

祈得来年凡事顺，家家受祜舞婆娑。

每年正月十五，泰宁民间都要聚会于空旷场地舞桥灯。舞桥灯者手持一柄，以两人舞一板，上结彩灯，舞时结成长队，首尾相连里许，蜿蜒如火龙升空。是夜灯火通彻，作《夜赏桥灯》：

◇舞桥灯是当地的民俗活动，桥灯次第衔连，灯明如龙鳞闪烁

上元向夜月初凝，讶见烛龙瑞气升。

始信倾城今不寐，万人空巷闹桥灯。

邹应龙，泰宁县水南人。少年家贫，负笈担粮入山攻读。宋宁宗庆元二年中状元，状元岩因此而得名。赋《登状元岩有感》：

箭竹时新草木蕃，杜鹃似故报晨昏。

冥思汉赋风吹月，细品唐诗雨叩门。

鹤戾萦回丹篆顶，书声直上碧云根。

黉宫未必皆才俊，敝窟从来出状元。

南宋建炎四年（1130），丞相李纲被贬谪琼岛，遇赦“自海上来居泰宁”。其间，与丹霞寺宗本禅师及当地名士结“莲社”，赋诗唱酬，时或弈棋。李纲于丹霞寺著《易经内外篇》一书，另著有《瑞光岩丹霞寺禅院记》。感念斯人，作《丹霞岩谒李纲著书处》一诗：

雨后丹岩物景奇，悬空老树倚云垂。

枰台贵志诠书处，山寺玄心坐夏时。

鬼魅弹冠群佞喜，元戎卸甲万民悲。

当初谁念泉石冷，半壁江山半局棋。

朱熹于宋庆元三年隐居泰宁城外小均坳。其间，于讲学之外，遍览泰宁山水，“闻有佳邱壑，虽迂途数十里，必往游”。在小均坳留有“洵如”琴材一具，后为乡民架在溪流上，“凫过音生，山水皆响”，人称考亭琴涧。《访小均坳朱熹隐居处》：

先生避世意何如，自去杉阳结草庐。

霜染枫林新月瘦，尘凝鸟道故人疏。

致知输种千颗籽，远足胜读万卷书。

惟有四时琴涧水，殷勤不忘浣红蕖。

微风细雨，披蓑上山，峨嵋峰山高峻奇，接云承露，林荫蓊郁，泉溪遍布。山中蕴藏珍稀动植物群落，尤以峨嵋岩茶为著。岩茶缘壁而生，四时不凋，明前芽尖以状元红最为名贵。于品茗间赋得《问茶峨嵋峰》：

万顷松涛眼界中，翻飞云海雾朦胧。

晶莹雀舌嫌寒露，玉润毛尖羞见风。

翠鸟泪濡芽甲绿，子规血渍状元红。

明前当垆承先许，浪得武夷第一盅。

泰宁古城于五代南唐时设隘为门，南宋时筑建城垣，明嘉靖三十九年重修，历时七月告竣。设城门八座，昼锦门原名来凤门，为四小城门之一，因叶祖洽得中状元而易名，是迄今惟一保存下来的古城门。《昼锦门》：

一朝及第满城喧，昼锦还乡过此门。

父老相携私窃问，谁家子弟夺魁元？

尚书第系明代兵部尚书李春烨的府第。尚书第建筑恢宏，结构严谨。府第一列五幢，甬道上设五重雕花门楼。于尚书第楣额外，其他匾额分别镌书“礼门”、“义路”、“依光日月”、“曳履星辰”。尚书第有“江南第一民居”之誉，被列为国家重点文物保护单位。《参观尚书第有感李春烨事》：

一品华堂气象钦，尚书府第逾千金。

礼门错落苔痕浅，义路参差石径深。

画栋雕梁分钜细，槅窗户对合古今。

飞檐欲接云中树，肃壁偏除世外音。

洒扫房前怜雏燕，耕耘屋后逊狂邻。

依光日月伤银烛，曳履星辰叹砭针。

往事因循烟里灭，新愁再向梦间寻。

京师尚奏升平曲，小镇谁弹三尺琴？

雨夜犹思安国策，晞晨渐悔报君忱。

始从乞养终身愧，辜负兰馨待客吟。

李家岩有山寺一座，岩穴开阔，有隐遁者所居石庵。庵内有尼姑，心性聪慧，每日唪经习书，为时人所慕，以香花、灯明、衣食供养庵中。《李家岩山寺口占赠比丘尼》：

浑天烟雾合，月下碧云开。

借问栖霞客，风从何处来？

仁寿桥始建于元代至正年间，垒石成基，横跨涧溪。桥为木制构架，桥上干阑衔接，筑有亭廊。憩坐桥亭内可以近观曲溪，远眺山影。《仁寿桥得句》：

津梁绚彩半山腰，水榭亭台竹影摇。

对岸谁家吹玉笛，逐随雨燕过廊桥。

第二次国内革命战争时期，泰宁是中央革命根据地苏区县之一，泰宁人民在敌我双方三进三出拉锯式争夺战斗中作出了极大的牺牲。朱德、周恩来、彭德怀等老一辈无产阶级革命家都曾在泰宁指挥战役。七十年后，红军街依然完好保留中国工农红军总部旧址。有感于此，赋《红军街》诗一首：

回春古木吐新丝，岁月如稠忆旧时。

郊外纷纷燃圣火，城中处处飘红旗。

长街断壁殷殷血，曲巷联墙娓娓辞。

七十年前生死地，泫然泪下祭戎师。

◇泰宁自然山水中的稻田

泰宁原始的自然山水景观与古朴淳厚的民风，充满了神奇的诱惑，行走在泰宁山水间，让人寻找到了美的参照物。山水的灵性在于人与山水之间的沟通，二者的沟通既有感性的也有理性的，感性上让人沉浸于自然环境的纯净之美，理性上让人感知自然山水景观，竟在数千年人类生产活动中保留得如此之完美。在漫长的岁月中，水渤风雕，使这里的山水愈加清新明丽；人文荟萃，让这里的山水自带几分隽永的诗韵。如果说泰宁的文化是无形的精神遗产，那么，泰宁自然山水景观就是这一无形精神遗产具象的展现，人们从泰宁丰富的文化遗产中演绎自然山水，从自然山水中解读泰宁的文化底蕴。

泰宁的山水将留给今人、后人走，泰宁的诗篇后人将会续写，泰宁的旋律将留给泰宁的山水吟唱，因为泰宁的美是恒久的。

参考书目

	《诸子集成》	中华书局1954年版
(汉)司马迁	《史记》	中华书局1959年版
(汉)班固	《汉书》	中华书局1962年版
(晋)干宝	《搜神记》	中华书局1979年版
(晋)郭璞注	《山海经》	上海古籍出版社1989年版
(南朝宋)范晔	《后汉书》	中华书局1965年版
(唐)李延寿	《南史》	中华书局1975年版
(后晋)刘昫	《旧唐书》	中华书局1975年版
(宋)朱熹	《诗集传》	中华书局1958年版
(宋)魏泰	《东轩笔录》	中华书局1983年版
(宋)李昉	《太平广记》	中华书局1961年版
(元)脱脱	《宋史》	中华书局1977年版
(明)文秉	《先拨志始》	上海书店1982年版
(清)张廷玉	《明史》	中华书局1974年版
(清)阮元	《十三经注疏》	中华书局1980年版
(清)吴乘权等辑	《纲鉴易知录》	中华书局1960年版
(清)李斗	《扬州画舫录》	江苏广陵古籍刻印社1984年版
余嘉锡	《四库提要辩证》	中华书局1980年版
徐宗元	《帝王世纪辑存》	中华书局1964年版
李四光	《天文 地质 古生物》	科学出版社1972年版
朱光潜	《美学拾穗集》	百花文艺出版社1980年版
陈宁璋 陈欣等编	《中国国家地质公园——泰宁》	中国地图出版社2006年版
陈雄	《走进泰宁古城》	泰宁文化旅游丛书编委会编印
萧春雷	《金湖风物小记》	泰宁金湖管委会办公室编印
(清)施文焘 许灿	《泰宁县志》	1986年整理重版
泰宁县地方志编纂委员会编	《泰宁县志》	群众出版社1993年版
泰宁文史资料研究委员会编	《泰宁文史资料》	

后记

素有奥境之称的泰宁是闻名遐迩自然遗产景观，泰宁之行，旨在对自然景观的考察。大凡保存良好的自然景观，必与其人文历史的发展有密不可分的关联，因而，泰宁的人文地理景观亦在考察范畴之内。

泰宁自然遗产以其多样性、惟一性的典型特征，展现其地质地貌景观，得益于当地人自古至今对大自然生态环境的保护意识及行为，这是值得世人为之深思的。

在泰宁期间，得到了县委、县政府大力支持，特别感谢县委书记曾祥辉以及县长廖小华、县委副书记郑剑波、人大副主任黄子兴、旅游管委会书记廖晶波、文联主席高起光先生给予的关心和帮助；并对孙娥大姐、钟妹大姐；陈宁璋、翁国新、江茂求、叶德松、刘贤健、戴观荣、郑明金、连小琴、刘小红、江敏、肖绍平、孟闽乐等同志在考察过程中给予的协助，一并表示谢意。

书成付梓，中华书局朱振华先生、责任编辑旭虹、美术编辑丽娟，为本书付出了辛勤的劳动，在此真诚地致以感谢。

尚昌平

2010年3月18日

图书在版编目（CIP）数据

天赋泰宁／尚昌平著．—北京：中华书局，2010.5
ISBN 978-7-101-07391-1

Ⅰ．天…　Ⅱ．尚…　Ⅲ．泰宁县–历史地理　Ⅳ．K928.6

中国版本图书馆CIP数据核字（2010）第073809号

书　　名	天赋泰宁
著　　者	尚昌平
摄　　影	尚昌平
责任编辑	朱振华　许旭虹
装帧设计	许丽娟
出版发行	中华书局 (北京市丰台区太平桥西里38号 100073) http://www.zhbc.com.cn E-mail:zhbc@zhbc.com.cn
印　　刷	北京雅昌彩色印刷有限公司
版　　次	2010年5月北京第1版 2010年5月北京第1次印刷
规　　格	开本787×1092毫米　1/16　142幅图　150千字
印　　张	13.5
印　　数	1-20000
国际书号	ISBN 978-7-101-07391-1
定　　价	68.00元